JEANNE D'ARC

ET

L'ARMÉE FRANÇAISE

ÉTUDE RÉCOMPENSÉE

par l'Académie de Champagne et la Société archéologique de l'Orléanais.

PARIS
11, Place Saint-André-des-Arts.

LIMOGES
Nouvelle route d'Aixe, 46.

HENRI CHARLES-LAVAUZELLE
Imprimeur militaire.

1889

JEANNE D'ARC

ET

L'ARMÉE FRANÇAISE

JEANNE D'ARC

ET

L'ARMÉE FRANÇAISE

ÉTUDE RÉCOMPENSÉE

par l'Académie de Champagne et la Société archéologique de l'Orléanais.

PARIS
11, Place Saint-André-des-Arts.

LIMOGES
Nouvelle route d'Aixe, 46.

HENRI CHARLES-LAVAUZELLE

Imprimeur militaire.

1889

JEANNE D'ARC

ET

L'ARMÉE FRANÇAISE

« Fais bien, laisse dire. »

Avec le temps qui marche, le souvenir de Jeanne d'Arc, loin de se perdre, semble prendre dans les cœurs des racines plus profondes ; avec les années qui s'écoulent depuis son rapide et glorieux passage dans nos fastes militaires, cette noble figure apparait chaque jour plus grande dans l'histoire et aussi dans les préoccupations publiques.

Poètes, artistes, historiens, orateurs éminents, tous l'ont chantée, ont gravé ses traits dans l'airain, publié ses vertus et ses hauts faits. Cependant, comme sanction de cet universel hommage, il n'existe en France qu'une fête : celle qu'Orléans célèbre chaque année le jour anniversaire de sa délivrance par la Pucelle.

Pour cette manifestation de la plus touchante originalité, l'on voit l'armée, les autorités de tous les ordres, toutes les classes de la cité, se réunir et se confondre dans un même élan de reconnaissance. Mais, si les Orléanais ont pieusement conservé le souvenir de leur libératrice, la fête imposante qu'ils lui ont consacrée n'offre pas les proportions grandioses et nationales que réclame le culte d'une telle héroïne.

Jeanne d'Arc n'a pas affranchi la seule ville d'Orléans du

joug des Anglais. Jeanne a sauvé la patrie tout entière. C'est donc par tous les cœurs français que sa mémoire doit être glorifiée. Il faut que son grand nom devienne populaire; que des Vosges aux Pyrénées, de l'Océan à la Méditerranée, il soit toujours plus aimé, toujours plus admiré. Il faut que son souvenir s'imprime chaque jour plus vivace dans les cœurs et qu'aux heures sombres où il semble que la patrie va périr irrévocablement, il mette au fond des âmes ce je ne sais quoi qui relève les courages et ramène la victoire.

Un vif mouvement d'opinion se dessine en ce sens. Tandis que l'Eglise, après avoir stigmatisé la lâcheté de cet évêque qui mit son ambition au service de l'Angleterre; tandis qu'après avoir réhabilité la victime elle poursuit activement sa béatification, un groupe de députés s'honore en réclamant pour elle l'institution d'une fête vraiment nationale.

Les « Patriotes » rouennais ont pris l'initiative d'une souscription, dont le produit servira à construire un monument à l'inoubliable mémoire de Jeanne d'Arc.

La ville où elle a été brûlée vive a compris qu'elle se devait à elle-même d'élever un témoignage de protestation contre l'horrible sacrifice consommé dans ses murs, par des mains étrangères ou vendues. De son côté, l'archevêque de Rouen, voulant placer une juste marque de réparation auprès de cette tour où la Pucelle fut emprisonnée et subit tant d'outrages, adresse un chaleureux appel aux souscripteurs pour l'érection d'une statue.

Reims, où le relèvement de la patrie a reçu sa vraie consécration au sacre de Charles VII, Reims pourra contempler prochainement, sur le parvis de son antique cathédrale, l'œuvre où le statuaire Dubois a rappelé, d'une façon si magistrale, les traits sublimes et simples à la fois de la jeune héroïne.

Dans la cour de leur hôtel de ville, sur la grande place du Martroy, à la tête du pont de la Loire, près de l'emplacement des Tourelles, où elle combattit vaillamment malgré ses blessures, les Orléanais lui ont érigé de glorieuses statues.

Cela suffit-il pour que la reconnaissance ait payé sa dette à celle qui se sacrifia jusqu'au martyre à la délivrance de son pays ? Non.

Après l'exaltation de la sainte et de la jeune fille inspirée, qui releva la France sur le point de sombrer à jamais, un rapide regard sur les cotés militaires de cette existence sitôt brisée, mais si magnifiquement remplie, montre qu'il reste à payer un tribut à la guerrière héroïque que son génie et ses exploits ont sacrée véritable Patronne de l'Armée.

Il serait juste qu'on l'honorât désormais de ce titre mérité et que chaque année cette gloire — la plus pure de notre histoire — fût rappelée aux soldats de France dans une grande fête des armées.

Au-dessus des rivalités de la politique, en dehors des controverses religieuses, il existe une région sereine où règne le vrai patriotisme, ce noble sentiment dont l'esprit militaire est une des plus hautes manifestations.

C'est là qu'on retrouve Jeanne d'Arc dans toute la splendeur de sa gloire ; c'est là que tout ce qui porte l'épée, que tout ce qui a le cœur grand voudra la fêter.

II

Au commencement du xve siècle, les indices précurseurs de la déchéance de la nation apparaissaient de tous côtés. C'en était fait de la France, si, tout à coup, un grand capitaine n'avait surgi pour la sauver.

L'armée n'avait plus de chef. Le Roy, sans volonté, sans courage, ballotté par des partis rivaux, n'essayait même pas de contenir les factions qui déchiraient la patrie. Ce n'était pas lui qui aurait crié « Haut les cœurs » à ses soldats écrasés par les hontes de la défaite. Le malheureux n'avait plus foi dans son épée ; il avait méconnu le sang qui coulait dans ses veines et, de ses mains débiles, ce drapeau de Clovis, de Charlemagne, de saint Louis, — le drapeau de la France enfin — était tombé par terre, tandis que de toutes parts l'ennemi accourait pour s'en partager les lambeaux.

De l'armée, cette dernière sauvegarde des espérances nationales, que restait-il ?... Rien ; car ce n'étaient plus des soldats que ces gens sans aveu qui avaient troqué l'épée des braves contre la hache des bandits et le poignard des assassins ; ce n'étaient plus des chefs que ces hommes courageux, mais corrompus et pillards, qui conduisaient leurs bandes indisciplinées à travers le pays plutôt pour le désoler que pour le défendre.....

C'en est donc fait de l'armée !..... C'en est donc fait de la France !..... Paris a ouvert ses portes à l'envahisseur et sous les voûtes de Saint-Denis, où dorment nos rois, cette parole terrible retentit : « Finis Galliæ ! » Un héraut d'armes, près du cercueil de Charles VI, annonce qu'il n'y a plus de roi français. L'Angleterre triomphe : « Vive Henri de Lancastre, roi de France et d'Angleterre ! »

Tout va être consommé, quand, à cette proclamation perfide, à ce blasphème affreux, une douce voix répond : « Resurrectio Galliæ ! »

Quelle est cette voix qui retentit ainsi au milieu de l'affaissement général ? Qui donc a poussé ce cri consolateur ? Est-ce Lahire ? Xaintrailles ? Dunois ?

Non, ce sauveur providentiel, *celui qui vient pour relever l'armée et sauver la France,* ce capitaine illustre est une jeune fille de 17 ans : c'est Jeanne d'Arc !

III

Aux veillées du village, Jeanne a été cruellement impressionnée par les récits de « la grande pitié qui est au royaume de France ». Tout à coup elle se sent enflammée pour son pays humilié, vaincu, menacé dans son existence même, de cet amour surhumain qui va en faire la libératrice. Elle entend de mystérieuses voix qui lui indiquent cette voie glorieuse où chacun de ses pas sera marqué par la victoire. Et la petite paysanne, inspirée par le génie des combats, « elle qui ne sait ni A ni B, s'en va de la part du roi du ciel, pour faire lever le siège d'Orléans ; pour bouter les Anglais hors du royaume et relever le sang de France, ce sang qu'elle n'a jamais vu couler sans que ses cheveux se dressassent sur sa tête ». Alors, de la chaumière de Domremy au bûcher de Rouen, va se dérouler la prodigieuse épopée qui illumine notre histoire militaire d'une clarté si triomphante.

Tout était perdu, même l'honneur. Plus d'armée, plus d'espoir, plus rien. Jeanne parait et soudain le courage qui avait déserté les cœurs français y revient pour les raminer.

Après des paroles de féminine tendresse, le patriotisme met sur les lèvres de l'Envoyée les virils accents du commandement. Ecoutez-la quand elle s'adresse à ses fougueux compagnons : tantôt c'est avec une exquise douceur qu'elle les reprend, tantôt c'est avec la plus mâle énergie qu'elle leur reproche leurs fautes.

Son ascendant irrésistible rétablit la discipline dans les camps où la licence régnait sans frein ; car cette enfant si humble devient terrible contre les désordres des gens de guerre. Elle empêche le pillage et la violence, elle proscrit l'ivrognerie et chasse de l'armée les filles de joie qui l'infestaient. A la plus basse perversion elle fait succéder la fière dignité des anciens chevaliers. Vaillance, dévouement, génie militaire, constance, esprit de justice, générosité, toutes ces qualités qu'elle possède, elle les communique aux capitaines et aux soldats qu'elle tient subjugués par sa connaissance des armes.

Regardez-la dans le feu de l'action : comme elle est pleine de l'élan guerrier, comme elle est fière, héroïque, ardente, comme elle est française ! L'étranger connait mainterant les horreurs de la fuite; et l'effroi et la défaite s'attachent à ses pas sur le chemin d'Angleterre.

Mais Jeanne, avec ce regard sûr, rapide, pénétrant qui décide le sort des armées, n'est pas seulement la plus brave sur les champs de bataille, c'est aussi la plus sage dans les délibérations de guerre. On se repent toujours de n'avoir pas suivi ses conseils, où jamais l'imprévoyance et la faiblesse n'ont réussi à se glisser, et, dans tous ses actes, la vertu militaire brille d'un si vif éclat que la gloire d'aucun autre guerrier ne saurait être comparée à la sienne.

La voyez-vous au combat des Tourelles? Après sept heures de lutte opiniâtre, les Français faiblissent, repoussés par le suprême effort de l'ennemi. Mais Jeanne est là; elle rallie les fuyards et les ramène au combat. Elle place une échelle contre la muraille et monte la première à l'assaut.

Atteinte alors par une flèche anglaise qui lui traverse le cou, elle tombe baignée dans son sang. A cette vue, Dunois lui-même perd confiance et ordonne la retraite. Jeanne l'entend, elle arrache la flèche de sa blessure: « Non, non, crie-t-elle, en avant, par mon Dieu! vous entrerez dedans. En avant! En avant! Tout est vostre! » Et bientôt, sur le rempart emporté, flotte sa vaillante bannière.

Et quelle haute leçon de devoir elle inflige à ce duc de Bourgogne qui a trahi la patrie, quand elle l'adjure de venir se joindre à son Roy pour chasser l'étranger!...

C'est partout le même courage, le même patriotisme auxquels s'ajoutent à un degré si élevé cet entrain et cette gaîté qui sont la véritable caractéristique du génie français.

Dans ce drame d'inspiration, de gloire et de sacrifice, tout est à rappeler: car, à la vaillance héroïque, Jeanne unit cette générosité délicate qui donne l'essor à toutes les industries de la charité, à toutes les tendresses de la femme, à toutes les abnégations du dévouement.

Elle a la flamme de l'enthousiasme, la foi énergique dans le succès joints à cette audace, à cette fougue française qui bravent le péril, s'exaltent dans le combat et qui, dans le feu de la lutte, trouvent ces cris du cœur qui entraînent les armées à la victoire. Et, pour couronner d'une gloire éternelle la rapide épopée de cette gracieuse enfant qui traverse notre histoire comme un météore resplendissant. Jeanne d'Arc, la vaillante et l'inspirée, disparait dans les flammes d'un bûcher.....

Comme il n'y a rien de vraiment grand sans que le sacrifice s'y trouve mêlé; comme «le dernier terme de l'amour est de mourir pour ce qu'on aime», elle subit le plus horrible supplice, elle meurt pour cette patrie qu'elle a refaite et qu'elle a si bien servie. Dans la fournaise où s'est consommé son martyre, tout fut anéanti de celle qui avait sauvé la France, excepté sa grande âme qui apparait chaque jour plus belle.

IV

Est-il une autre gloire aussi pure, une autre mémoire aussi digne de l'admiration des soldats? Nous ne le croyons pas.

Ce serait donc justice qu'une fête des armées fût enfin instituée pour la glorification de cet héroïsme qui nous a vengés de Poitiers, de Crécy, d'Azincourt, qui a replacé la France au rang des grandes nations et rétabli le cours de ses glorieuses destinées. Et c'est une réconfortante pensée de croire que le cœur de cette vierge martyre, que ce noble cœur jeté ignominieusement à l'égout par ceux qu'il terrifiait encore, Jeanne d'Arc, patronne de l'armée française, le fera battre dans la poitrine de nos soldats, aux jours des dévouements et des sacrifices pour le salut de la Patrie.

Paris et Limoges. — Imprimerie militaire H. Charles-Lavauzelle.

CATALOGUE

DE LA

LIBRAIRIE MILITAIRE

HENRI CHARLES-LAVAUZELLE

ÉDITEUR DU BULLETIN OFFICIEL DU MINISTÈRE DE LA GUERRE

Chargé de la vente des Produits du Dépôt de la Guerre

La Librairie Militaire Henri Charles-Lavauzelle, à Paris et Limoges, se charge de publier, soit à son compte, soit à celui des Auteurs, tous les Ouvrages militaires se rattachant à sa spécialité; une puissante organisation lui permet d'offrir les meilleurs avantages.

LES COMMANDES ACCOMPAGNÉES D'UN MANDAT POSTAL OU DE TIMBRES-POSTE SONT EXPÉDIÉES *FRANCO*

TABLE DES MATIÈRES

PARIS
11, *Place Saint-André-des-Arts.*

LIMOGES
46, *Nouvelle route d'Aixe,* 46.

IMPRIMERIE ET LIBRAIRIE MILITAIRES
HENRI CHARLES-LAVAUZELLE
Éditeur.

HISTORIQUE DU 31e DE LIGNE. — Vol. de 64 pages.
HISTORIQUE DU 35e DE LIGNE. — Vol. de 112 pages.
HISTORIQUE DU 56e DE LIGNE, rédigé par le capitaine adjudant-major TELMAT (2e édition). — Volume de 120 pages.
HISTORIQUE DU 62e DE LIGNE. — Vol. de 96 pages.
HISTORIQUE DU 64e DE LIGNE, volume de 64 pages.
HISTORIQUE DU 65e DE LIGNE, volume de 128 pages.
HISTORIQUE DU 69e DE LIGNE, volume de 128 pages.
HISTORIQUE DU 71e DE LIGNE, volume de 72 pages.
HISTORIQUE DU 72e DE LIGNE. — Volume de 128 pages.
HISTORIQUE DU 86e DE LIGNE. — 1 vol. de 96 pages.
HISTORIQUE DU 92e DE LIGNE, volume de 96 pages.
HISTORIQUE DU 94e DE LIGNE. — Volume de 128 pages.
HISTORIQUE DU 3e ZOUAVES, volume de 120 pages.
HISTORIQUE DU 10e BATAILLON de chasseurs à pied. — Volume de 80 pages.
HISTORIQUE DU 3e RÉGIMENT DU GÉNIE, publié avec autorisation du Ministre de la guerre; 2e édition, 3 volumes.
HISTORIQUE DU 1er RÉGIMENT DE SPAHIS, volume de 96 pages.

M. Henri CHARLES-LAVAUZELLE se met à la disposition de tous les chefs de corps pour publier l'historique de leur régiment dans la série de la *Petite Bibliothèque de l'Armée française.*

LA COLLECTION COMPRENDRA 300 VOLUMES.

MODE DE SOUSCRIPTION. — Chaque volume de la *Petite Bibliothèque de l'Armée française* ne coûtant *broché* que 0 fr. 30 (0,35 *franco* par la poste), ou 0 fr. 60 *relié* toile, il importe au plus haut point d'éviter des frais supplémentaires de correspondance. On peut y souscrire en adressant à l'Editeur une demande d'un certain nombre de volumes à expédier au fur et à mesure qu'ils paraîtront, accompagnée d'un mandat postal représentant leur prix à raison de 0,35 centimes l'un, si on les désire *brochés*, de 0 fr. 60 pour les avoir reliés en toile.

MM. les Officiers désireux de venir en aide à notre Comité d'études et de rédaction sont priés de nous faire connaître le sujet qu'ils sont décidés à traiter, aussitôt que leur choix sera définitivement arrêté.

Les manuscrits écrits lisiblement, et au RECTO SEULEMENT, *devront être adressés à l'Éditeur comme papiers d'affaires recommandés.*

Administration, Recrutement, Comptabilité.

MANUEL du service des hôpitaux, à l'usage des candidats aux emplois d'officier d'administration, par S. Poulard, professeur à l'Ecole d'administration de Vincennes, licencié en droit. — Vol. in-8° de 306 pages.......... [illegible]

VADE-MECUM administratif de MM. les capitaines commandants et des sous-officiers comptables, par un officier d'administration. — Vol. in 8° de 244 pages.......... 2 [illegible]

DÉCRET du 10 novembre 1887 modifiant les règlements en vigueur sur l'administration et la comptabilité des corps de troupe. — Volume in-8° de 154 pages. Net et *franco*.. [illegible] 90

* **NOTIONS DE DROIT INTERNATIONAL destinées à MM. les officiers de l'armée active, de la réserve et de l'armée territoriale**, et suivies d'un memento à l'usage des sous-officiers, caporaux et soldats, brochure in-32 de 128 pages.......... [illegible]

LA MOBILISATION, mesures préparatoires en temps de paix, recrutement et réquisitions militaires. Devoirs des municipalités en temps de guerre d'après les lois et règlements en vigueur, par Edm. PASCAL. 1 vol. grand in-8 de 400 pages, avec formules et tableaux.......... 10 fr.

* **AIDE-MÉMOIRE des fonctionnaires de l'Intendance en campagne.** — Volume in-18 de 396 pages, relié toile anglaise.......... 6 [illegible]

INSTRUCTION du 31 mars 1887, pour l'exécution du service des lits militaires, à partir du 1er avril 1887, brochure in-8° de 20 pages, *franco*.......... 0 30

RÈGLEMENT du 8 juin 1883, sur le service de la Solde et sur les revues, édition de 1887 mise à jour jusqu'au 1er avril 1887, volume in-8° de 196 pages.......... *franco*. [illegible] 80

DÉCRET du 6 février 1888 portant règlement sur la concession des congés et des permissions. — Brochure in-8°, *franco*.......... [illegible]

* **RÈGLEMENT sur le service de l'armement**, approuvé le 30 août 1884, brochure de 204 pages.......... 2 50

TARIF PROVISOIRE des prix des réparations approuvé le 6 septembre 1887 (armes modèle 1874 et modèle 1866-74, fusil modèle 1884, fusil modèle 1885 et modèle 1874-1885, fusil modèle 1886, revolver modèle 1873, armes blanches. — Broch. de 112 pag. Net et *franco*. [illegible]

RÈGLEMENT sur le service et l'entretien du harnachement de l'artillerie et des équipages militaires, dans les corps de troupe et dans les établissements (14 juin 1883). » 40

INSTRUCTION du 27 novembre 1887 sur la création, le but et le fonctionnement de la masse des écoles. — Br. in-8° de 24 pages, net et *franco* .... » 30

INSTRUCTION MINISTÉRIELLE du 2 décembre 1886, réglant le fonctionnement de la masse de petit équipement. — Brochure in-8° de 16 pages.......... » 25

RECUEIL des documents officiels visés par l'instruction du 2 décembre 1886, réglant le fonctionnement de la masse de petit équipement. — Brochure in-8°. » 25

× **ORDONNANCE du 10 mai 1844** portant règlement sur l'administration et la comptabilité des corps de troupe, modifiée par les décrets des 7 août 1875 et 1er mars 1880, extrait établi suivant décision du 29 juin 1883 du Ministre de la guerre, en un volume in-32, cartonné, de 198 pages.......... » 80

ARRÊTÉ MINISTÉRIEL du 30 mars 1887, relatif à l'inscription sur les livrets, les registres matricules et les états de services de l'état civil, des services en campagne, etc., *franco* » 25

EXTRAITS DES RÈGLEMENTS ET INSTRUCTIONS SUR L'ADMINISTRATION, les appels et la mobilisation des réservistes et disponibles, à l'usage des troupes d'Infanterie. Volume in-8° de 240 pages.......... 2 50

INSTRUCTION sur les conditions d'admission des enfants de troupe. — Broch. in-32 de 32 pages.......... » 50

GUIDE pratique du soldat dans ses foyers par M. le capit. Vève, br. de 126 pages. » 30

DÉCISION MINISTÉRIELLE du 24 octobre 1887 portant adoption et description de la tenue de ville des sous-officiers rengagés et commissionnés. — Brochure in-8° de 64 pages. Net et *franco*.......... » 60

RÈGLEMENT ET INSTRUCTION du 16 novembre 1887 sur le service de l'habill. dans les corps de troupe, modèles, tableaux et tarifs. — Broch. in-8° de 168 pages.......... » 70

NOMENCLATURE du matériel de l'habillement et du campement, du 27 avril 1888. — Vol. in-8° de 284 pages, net et *franco*.......... 1 »

INSTRUCTION MINISTÉRIELLE du 22 novembre 1887, relative à la formation et au renouvellement dans les magasins administratifs des approvisionnements de toute nature du service de l'habillement et du campement. — Broch. in-8° de 76 pag. Net .... » 70

INSTRUCTION du 15 janvier 1888 sur la manière de manutentionner et d'entretenir les effets dans les magasins administratifs. — Brochure in-8°, *franco*.......... » 25

INSTRUCTION du 16 mars 1887 sur l'habillement des écoles des sous-officiers et élèves officiers (note relative à l'habillement des élèves stagiaires de l'Ecole d'administration), brochure in 8° de 16 pages, *franco*.......... » 25

VADE-MECUM de l'officier d'approvisionnement. — Nouvelle édition, revue, corrigée et augmentée. — 7e édition, avec appendice.

Contenant avec l'instruction du 17 mars 1882, les modèles et les notices qui y font suite : 1° La circulaire du 14 mars 1883 sur le groupement et l'administration des isolés : — 2° La circulaire du 13 août 1870 portant création d'un nouveau tarif d'indemnité journalière : — 3° Des renseignements utiles sur les premiers soins à donner aux chevaux, en l'absence de vétérinaire : — 4° Plusieurs tarifs suivis d'instructions pratiques sur leur application ; — 5° Une notice spéciale sur l'organisation et le fonctionnement des services administratifs pendant les grandes manœuvres : — 6° Une notice sur le service d'alimentation en campagne : — 7° Des renseignements sur la qualité des denrées alimentaires et les moyens de reconnaître si elles sont de bonne qualité ; — 8° Un résumé, aussi complet que possible, des principes mathématiques pour le mesurage, le pesage et le jaugeage des denrées de toute nature. — Volume de 340 pages, richement relié en toile anglaise gaufrée .... 5 »

INSTRUCTION du 30 août 1885, sur le fonctionnement du service de l'alimentation en temps de guerre, brochure in-32 de 78 pages .... » 50

CODE-MANUEL des réquisitions militaires. Textes officiels annotés et mis à jour par de L..., licencié en droit, et l'intendant militaire A. T... — 3 volumes.

Tome Ier. — Exposé des principes ; texte de la loi du 3 juillet 1877 et du règlement du 2 août 1877 avec notes et commentaires, brochure in-32 de 112 pages.......... » 35
Richement relié toile.......... » 60

Tome II. — Recensement et réquisition des chevaux et voitures, broch. in-32 de 96 pag. » 35
Richement relié toile.......... » 60

Tome III. — Guide pratique des diverses autorités et commissions pour l'application de la loi du 3 juillet 1877. Formules et modèles, brochure in-32 de 96 pages.......... » 35
Richement relié toile.......... » 60

Supplément au Code-Manuel des réquisitions militaires. — Instruction du 21 juillet 1886 pour le règlement des dommages causés aux propriétés privées par les manœuvres ou exercices exécutés par les corps de troupe, vol. in-32.......... » 35

DÉCRET du 24 avril 1884 sur la comptabilité des corps de troupe en campagne, avec rapport au Ministre, instruction et modèle. — Broché.......... » 35
Relié toile gaufrée .... » 60

MANUEL PRATIQUE DE COMPTABILITE, à l'usage des sous-officiers comptables de compagnie. — Vol. in 32 de 80 pages.......... » 35
Richement relié toile.......... » 60

RÈGLEMENT du 23 octobre 1887 sur la gestion des ordinaires. — Broch. in-8°... » 60

RÈGLEMENT du 30 juin 1856 sur le service du casernement. — Brochure in-8°... 2 »

DÉCRET du 27 novembre 1887, portant règlement sur le service du chauffage dans les corps de troupe. Net........................ » 40

RÈGLEMENT du 27 novembre 1887 et instruction du 27 mai 1888 sur le service du chauffage dans les corps de troupe. — Br. in 8° de 96 pages, *franco*.......... » 80

MANUEL DU SERVICE DES HOPITAUX à l'usage des candidats aux emplois d'officier d'administration dans la réserve et dans l'armée territoriale, par S. Poulard, officier d'administration des hôpitaux, professeur à l'École d'administration de Vincennes. — Volume in-8° de 308 pages........................ 6 »

MANUEL SUR LES PENSIONS DE RETRAITE des Officiers, Sous-officiers, Brigadiers, Caporaux, Soldats ou Gendarmes, et sur les pensions des veuves et secours aux orphelins, avec tarifs; brochure in-8° de 52 pages, avec nombreux tableaux (4e édition)........ 1 »

INSTRUCTION du 9 juin 1888, pour l'exécution de la loi du 22 janvier 1851, portant création de la statistique médicale de l'armée. — Br. de 96 pages.............. » 60

CLASSIFICATION des blessures et infirmités ouvrant des droits à la pension de retraite (23 juillet 1887). — Brochure in-8° de 20 pages. Net et *franco*.............. » 35

TRAITÉ DES PENSIONS CIVILES ET MILITAIRES, par M. Adrien Bavelier, ancien avocat à la cour de cassation.

TOME I. — Pensions civiles;

TOME II. — Pensions militaires des armées de terre et de mer.

Les 2 volumes in-8°........................ 12 »

LOI sur l'administration de l'armée, promulguée le 16 mars 1882. — Broch. in-32. » 15

ARMÉE FRANÇAISE. — Questions administratives, par M. TRUCHOT, officier d'administration en retraite. — Un volume in-8°........................ 3 »

FRANCE et Administration militaires, par le même. — Un vol. in-8°.............. 3 »

LOIS, DÉCRETS, CIRCULAIRES réglementant la fabrication, l'emploi et le transport de la dynamite et du coton-poudre; textes officiels annotés et coordonnés à l'usage de la gendarmerie nationale, par le commandant Dumas-Guilin. — Volume in-8° de 84 pages. 1 »

Théories, Règlements, Publications officielles.

TOUTES ARMES

× **DECRET** du 23 octobre 1883 portant Règlement sur le service dans les places de guerre et les villes de garnison; à jour jusqu'en 1886, et suivi des nombreux documents ministériels interprétant divers articles de ce Règlement, 14e édition. — In-32 cartonné de 280 pages........................ 1 »

RÈGLEMENT PROVISOIRE du 1er décembre 1887, sur les travaux de constructions militaires. — Brochure in-8° de 140 pages, avec cartes, *franco*.................. 2 40

CAHIER des Clauses et Conditions générales imposées aux entrepreneurs des travaux militaires. — Brochure in-8° de 42 pages, *franco*.................. » 50

ORGANISATION du commandement des places fortes, brochure in 8° de 24 pages, net et *franco*........................ » 30

× **DECRET** du 26 octobre 1883 portant Règlement sur le service des armées en campagne. 14e édition, mis à jour jusqu'en 1888. — In-32 cartonné de 288 pages...... 1 »

× **INSTRUCTION** relative à la confection et au mode d'emploi des cartouches du tir réduit........................ » 40

× **EXTRAIT** de l'Instruction ministérielle du 27 janvier 1882 sur le tir réduit. — Broch. in-32........................ » 15

× **RÈGLEMENT** du 26 novembre 1884, concernant les soins et précautions à prendre pour la conserv. des poudres et munit. de guerre dans les magasins. — Br. in-32 de 48 p. » 50

× **INSTRUCTION** (extrait de l') **MINISTÉRIELLE** du 30 août 1884, sur l'entretien des armes et des munitions. — Carabine de cavalerie avec baïonnette et carabine de gendarmerie avec sabre-baïonnette, revolver et armes blanches, munitions, br. in-32 de 64 p. » 30

× **INSTRUCTION** ministérielle du 15 janvier 1874, sur la nomenclature, le démontage, le remontage et l'entretien du revolver modèle 1873 — Broch. in-32 » 30

MANUEL du soldat en campagne. — Brochure in-32. — Prix.................. » 50

DISPOSITIONS relatives à l'exécution des manœuvres d'automne en 1888, *franco*... » 30

DISPOSITIONS RELATIVES AUX CANTONNEMENTS ET AUX MARCHES dans les Alpes, pendant l'année 1888. — Brochure in-8° de 28 pages, *franco*.............. » 35

× **LES TRANSPORTS particuliers de la guerre.** (Extrait de l'instruction ministérielle du 25 mars 1886), contenant tout ce qui intéresse MM. les officiers et assimilés, les sous-officiers mariés, les chefs ouvriers et les gendarmes, brochure in-32.............. *franco.* » 30

× **INSTRUCTION spéciale pour le transport des troupes par les voies ferrées.** — Extrait du Règlement général pour les transports militaires (décret du 1er juillet 1874).
- × Infanterie.. 1 »
- × Cavalerie.. 1 »
- × Artillerie édition de 1888.. 1 »

× **INSTRUCTION pour l'embarquement et le débarquement des trains militaires.** — In-32. — Avec 2 planches.. » 30

× **ANNEXE à l'instruction spéciale pour le transport des troupes d'artillerie et du train des équipages par les voies ferrées,** approuvée le 23 mars 1887, brochure in-32 de 20 pages.. » 30

× **CODE DES SIGNAUX sur les chemins de fer français adopté par arrêté ministériel du 15 novembre 1885,** avec figures, brochure in-32.. » 50

× **INSTRUCTION** pour la correspondance par signaux dans les corps de troupe........ » 60

× **EXTRAIT DE L'INSTRUCTION** pour la correspondance par signaux........................ » 05

RECUEIL COMPLET, avec notes et commentaires, des lois, décrets, circulaires, décisions et instructions ministérielles en vigueur, établissant les droits des **sous-officiers** en matière de rengagement et mariage, retraite et admission aux emplois civils. — 2 vol. in-32.
Brochés.. » 70
Richement reliés toile.. 1 20

INSTRUCTION du 17 mars 1888, sur les emplois civils et militaires attribués aux sous-officiers rengagés et commissionnés.. » 40

DROITS ET DEVOIRS DU SOLDAT de l'armée active, de la réserve et de l'armée territoriale, d'après les lois, décrets et règlements les plus récents (1883), par A. de la Villatte, lieutenant-colonel du 5e régiment d'infanterie, officier d'académie. Ouvrage adopté par le ministère de l'instruction publique pour les bibliothèques scolaires et populaires. 2e édition entièrement refondue et mise au courant jusqu'en avril 1885. — Volume in-32 de 96 pages, broché.. » 35
Richement relié toile.. » 60

× **OBLIGATIONS** imposées par la loi aux réservistes et territoriaux, brochure in-32.... » 25

* **INSTRUCTION MINISTÉRIELLE du 22 mars 1886,** pour les convocations annuelles de l'armée territoriale. — Vol. in-32 de 96 pages.. » 60

DÉCRET du 18 février 1888, portant réorganisation de l'administration centrale de la guerre — Brochure in-8o de 36 pages, *franco*.. » 25

* **LOI du 19 mai 1834, sur l'état des officiers;** brochure in-32 de 16 pages........ » 20

TABLEAU D'AVANCEMENT des officiers de tous grades et assimilés pour l'année 1888. — Brochure in-8o de 66 pages.. » 60

AIDE-MÉMOIRE de l'officier d'état-major en campagne, dernière édition mise à jour, beau volume de 360 pages avec nombreux tableaux et croquis (édition de 1888)..... 5 »

DÉCRET du 21 décembre 1886, portant réorganisation du service dans les Etat-Majors. —
Brochure in-fo tellière de 36 pages avec marge pour annotation........... *franco* 1 »
Le même décret sur format in-8o.. *franco* » 50

DÉCRET du 27 décembre 1886 portant création d'un corps spécial d'interprètes de réserve. — Brochure in-8o de 12 pages.. *franco* » 25

* **PROGRAMME du 7 mars 1883** sur les connaissances exigées des lieutenants et sous-lieutenants proposés spécialement pour les fonctions de trésorier et d'officier d'habillement. » 25

* **PROGRAMME du 15 mars 1883** sur les connaissances exigées des sous-lieutenants, lieutenants et capitaines proposés pour l'avancement (16 pag.)........................ » 25

* **PROGRAMME du 7 mars 1883** sur les connaissances exigées des capitaines proposés pour l'avancement et présentés spécialement pour les fonctions de major....... » 25

* **PROGRAMME** des connaissances exigées pour l'admission dans les corps du contrôle de l'administration de l'armée, et épreuves à subir par les candidats au grade de contrôleur adjoint (24 mars 1883).. » 25

* **PROGRAMME du 30 septembre 1885,** précédé d'une notice sur le recrutement et la nomination des officiers de réserve et de l'armée territoriale attachés à l'intendance........ » 40

* **PROGRAMMES des examens oraux et pratiques** imposés aux candidats de toutes armes proposés pour des emplois d'officier et d'assimilé : 1° dans les réserves ; 2° dans l'armée territoriale ; 3° dans les services administratifs ; 4o dans les corps des interprètes militaires. — Brochure in-32 de 64 pages.. » 50

PROGRAMME des examens pour l'admission à l'école d'administration de Vincennes, brochure in-32 de 16 pages.. » 50

LIVRETS POUR TOUTES ARMES

× **LIVRET** matricule de l'officier, modèle n° 1 .... » 15
× **LIVRET** matricule de l'homme de troupe, modèle n° 2 .... » 15
× **LIVRET** matricule des chev. d'officiers, de troupe et mulets de bât, mod. n° 3. » 15
× **LIVRET** d'infirmerie, pour chev. d'offic., de troupe et mulets de bât, mod. n° 4. » 20
× **LIVRET** individuel de l'homme de troupe, modèle n° 5 (nouveau) .... » 30
× **LIVRET** de la masse de prison des détenus .... » 30
(Pour les Livrets d'infanterie, cavalerie et artillerie, voir aux chapitres spéciaux.)

INFANTERIE DE LIGNE, DE LA MARINE ET GÉNIE

AIDE-MÉMOIRE de l'officier d'infanterie en campagne. — Vol. de 250 p. relié toile. [illegible]

AIDE-MÉMOIRE de l'officier du génie en campagne. — Volume in-8 de 368 pages relié toile .... [illegible]

× **RÈGLEMENT** sur les exercices et les manœuvres de l'infanterie, mis en essai par décision ministérielle du 3 mai 1888.

× Titre I. Bases de l'instruction. — **Titre II. Ecole du soldat.** — Vol. in-32 de 236 pages, couverture parcheminée .... » 75 *franco*, » 90
× Titre III. Ecole de compagnie — Vol. in-32 de 218 pages, couverture parcheminée .... » 75 *franco* » 90
× Titre IV. Ecole de bataillon — Vol. in-32 de 186 pages, couverture parcheminée .... » 75 *franco* » 90

× **RÈGLEMENT du 29 juillet 1884 sur l'exercice et les manœuvres de l'infanterie.**
× Titre I : Bases de l'instruction ;
× Titre II : Ecole du soldat, avec planches, volume in-32 cartonné de 192 pages (6e édit.). » 75
× Titre III : Ecole de compagnie, vol. in-32 cartonné de 132 pages (6e édition) .... » 50
× Titre IV : Ecole de bataillon, vol. in-32 cartonné de 108 pages (4e édition) .... » 60
× Titre V : Ecole de régiment Application aux unités plus fortes. Instruction pour les revues et les défilés. — Vol in-32 de 80 pages avec 14 planches .... » 75
× Batteries et sonneries, volume in-32, cartonné, de 76 pages .... » 50

Instruction pour le combat modifiant le règlement du 29 juillet 1884.

× Fascicule n° 1 et 2 Exposé des principes .... » 15
× — n° 3 Titre III, Ecole de compagnie .... » 15
× — n° 4 Titre IV, Ecole de bataillon .... » 15
× — n° 5 Titre V, Ecole de régiment .... » 15

Règlement du 29 *juillet* 1884 *sur l'exercice et les manœuvres de l'infanterie, contenant les modifications apportées par la mise en service des fusils modèles* 1884-1885 *et* 1886, *et par l'instruction sur le combat.*

× Titre I. Bases de l'instruction ;
× Titre II. Ecole du soldat, avec planches. — Volume in-32 cartonné de 216 pages .... [illegible]
× Titre III. Ecole de compagnie. — Volume in-32 cartonné de 138 pages, avec planche .... [illegible]
× Titre IV. Ecole de bataillon. — Volume in-32 cartonné de 140 pages, avec planche .... » 60
× Titre V. Ecole de régiment. Application aux unités plus fortes. Instruction pour les revues et les défilés. — Volume in-32 de 96 pages avec planches .... [illegible]

MODIFICATION A APPORTER AU RÈGLEMENT du 29 juillet 1884, par suite de la mise en service du fusil modèle 1884 et 1885.
Titre II .... » 25
Titre III et IV .... [illegible]

PRÉCIS DE L'ÉCOLE DE BATAILLON comportant les modifications apportées au texte primitif par les instructions ministérielles récentes et l'instruction sur le combat. — Volume in-8 carré de 154 pages .... [illegible]

× **ÉCOLE DES GUIDES.** — Renseignement généraux. — Place et rôle des serre-files. Fonctions spéciales. — Fonctions des guides dans les manœuvres à rangs serrés. Places et fonctions des serre-files, des guides et du fourrier dans la colonne de route et dans la colonne contre la cavalerie. — Renseignements généraux. — Fonctions des guides dans les manœuvres du bataillon à rangs serrés. — Fonctions spéciales. — Généralités. — Règle pour le tracé des lignes et moyens d'assurer la direction lorsque plusieurs bataillons sont placés sous le même commandement. — Extrait de l'instruction pour les revues et défilés. — Un volume relié de 96 pages .... » 60

× **DÉCRET DU 28 DÉCEMBRE 1883,** portant **Règlement sur le Service Intérieur des**

troupes d'infanterie, mis à jour jusqu'au mois d'août 1886, vol. in-32 cart. de 432 pages avec nombreux tableaux (14ᵉ édition).. 1 50

× **EXTRAIT du décret du 28 décembre 1883**, portant Règlement sur le Service Intérieur **des troupes d'infanterie**, à l'usage des sous-officiers et caporaux. — Volume in-32, cartonné, de 197 pages.. » 60

× **EXTRAIT**, par demandes et par réponses, du **Décret du 23 octobre 1883** portant **Règlement sur le service dans les places de guerre et les villes de garnison**, à l'usage des sous-officiers et caporaux d'inf. — Vol. in-32, cartonné, de 104 pages. » 40

EXTRAIT par demandes et par réponses du décret du 26 octobre 1883, portant règlement sur le service des armées en campagnes et de l'instruction du 9 mai 1885 sur ce même service, à l'usage des sous-officiers et caporaux d'infant. — Vol. in-32 de 232 p. » 75

* **MANUEL D'INFANTERIE** à l'usage des élèves caporaux et aspirants sous-officiers des pelotons d'instruction, conforme au prog. annexé à l'Instr. du 19 novembre 1884, 2 vol. solidement reliés en toile anglaise (4ᵉ édition).

TOME I. — Education morale du soldat. — Ecole du soldat, de l'escouade et de la demi-section. — Extrait du manuel de gymnastique. — Extrait du service intérieur. — Extrait du service des places. — Fort volume in 32 de 608 pages........................ 2 »

TOME II. — Ecoles des guides. — Manœuvre du canon. — Obligations des réservistes et territoriaux. — Etude de la loi sur le rengagement des sous-officiers. — Travaux de campagne (outillage et fortification passagère). — Topographie et lecture des cartes. — Service de l'infanterie en campagne. — Encaissement des armes à feu et des cartouches. — Fort volume in-32 de 640 pages.. 2 »

* **QUESTIONNAIRE** complet des connaissances nécessaires aux élèves caporaux **des pelotons d'instruction**, à l'usage des officiers, sous-officiers et caporaux instructeurs, des élèves caporaux et des engagés conditionnels, conforme au programme annexé à l'instruction du 19 novembre 1884 et aux dernières décisions ministérielles. — Volume in-32, cartonné de 120 pages (4ᵉ édition).. » 75

* **GUIDE** de l'élève caporal, conforme à la dernière instruction ministérielle du 19 nov. 1884, sur l'organisation et le fonctionnement d'un peloton d'instruction dans les corps de troupe d'infanterie. — 1 vol. in-18, cartonné, de 584 pages.. 1 50

* **HEUMANN**, capitaine d'inf., off. de l'instruction publ. — **Les théories dans les chambres**

Premier volume : **Education militaire du soldat.** — Chapitre Iᵉʳ : La guerre. Nécessité des armées permanentes. — II. Comment l'on devient soldat. Devoirs des réservistes Organisation de l'armée. — III. Le Drapeau. La Croix de la Légion d'honneur. — IV. L'armée et la patrie. Patriotisme. Honneur. — V. Des ruses de guerre. — VI. Notions d'hygiène. — Appendice. La convention de Genève. Traitement des prisonniers. Quelques renseignements sur les armées étrangères. — Questionnaire. — 4ᵉ édition. Un volume in-32 de 160 pages. relié toile.. » 75

Deuxième volume : **Instruction militaire.** (En conformité avec les nouveaux règlements). Chapitre Iᵉʳ : Service intérieur. — II. Service des places. — III. Service en campagne. IV. Embarquement en chemin de fer. — V. Mobilisation. — VI. Renseignements pour les troupes en campagne. — VII. Droit international en campagne. — VIII. Outils. Travaux de fortifications (avec planches). — IX. Tir. — X. *Progression des théories à faire.* — XI. Questionnaire. — 3ᵉ édition, volume in-32 de 302 pages, relié toile......... 1 25

* **INSTRUCTION PRATIQUE du soldat et de la compagnie d'infanterie**, avec progressions et programmes détaillés, par G. Le Grand, capitaine adjudant-major au 71ᵉ de ligne, volume in-32 de 118 pages, cartonné.. » 75

* **INSTRUCTION THÉORIQUE** du soldat, ou théories dans les chambres par demandes et réponses, par G. Le Grand, capitaine adjudant-major au 71ᵉ de ligne, volume in-32 de 220 pages, cartonné.. 1 »

MÉTHODE d'enseignement pour l'instruction du soldat et de la compagnie, conforme aux prescriptions des règlements des 23, 26 octobre, 28 décembre 1883 et 29 juillet 1884, par J. Bailly, cap. au 90ᵉ de lig., vol. de 128 p. avec plans et croquis .... » 35
Relié toile.. » 60

× **INSTRUCTION (extrait de l') MINISTÉRIELLE du 30 août 1884**, sur l'entretien des armes et des munitions. — Fusil d'infanterie modèle 1874 ou 1866-74 avec épée-baïonnette, revolver et armes blanches, munitions; brochure in-32 de 64 pages................ » 30

× **RÈGLEMENT du 1ᵉʳ mars 1888 sur l'instruction du tir.** — Vol. in-32 de 132 pages, couverture parcheminée.. » 60 *franco* » 75

× **RÈGLEMENT sur l'instruction du tir**, approuvé le 11 novembre 1882 (466 pages in-32, avec figures dans le texte et 20 planches hors texte).. 2 75

× **EXTRAIT du règlement du 11 novembre 1882** sur l'instruction du tir, à l'usage des sous-officiers et des caporaux, appr. le 21 juillet 1883. 272 pages in-32, avec fig. dans le texte et 4 planches hors texte.. » 90

× **MODIFICATIONS** apportées au règlement du 11 novembre 1882, par suite de la mise en service des fusils modèles 1884 et 1885. — Volume de 180 pages, *franco*........ » 60

(*)

× TIR indirect, tables de tir (pentes, hausses, défilement), accompagnées des renseignements néces. pour le calcul des élém. du tir indir. et, en particul. du tir plongeant.. » 15
× LES MÊMES, collées sur toile et découpées en rectangles........ .... » 50
LES MUNITIONS DE L'INFANTERIE : Russie, Autriche, Angleterre, Italie. (Extrait de la *France Militaire.*) — In-32 .... » 25
× INSTRUCTION sur le service de l'Infanterie en campagne, approuvée le 9 mai 1888. — In-32 de 212 pages, 14 gravures, cartonné.............................. » 75
× FORTIFICATION PASSAGÈRE (Notions élémentaires de) à l'usage des volontaires d'un an. Service de l'infanterie .... » 25
× INSTRUCTION du 3 janvier 1883, relative aux attributions des adjudants de bataillon et de compagnie, brochure in-32............................. » 25
× INSTRUCTION THÉORIQUE et pratique des cadres, des contingents et des réservistes. Progr. et documents officiels. Marche de l'instruction — Vol. in-32, de 120 p. » 75
× INSTRUCTION du 19 novembre 1884 sur l'organisation et le fonctionnement des pelotons d'instruction dans les corps de troupe d'infanterie, suivie de la marche annuelle de l'instruction dans les mêmes corps. — Brochure in-32 de 48 pages .... » 40
× INSTRUCTION du 22 juin 1886 pour l'admission des sous-officiers à l'École militaire d'infanterie, complétée par le programme du 31 juillet 1879 et le décret du 11 octobre 1886. — Brochure in-32.. » 50
* DÉCRET du 4 novembre 1886, portant réorganisation et programme pour l'école d'artillerie et du génie... » 50
RÈGLEMENT du 15 mai 1888 sur l'instruction du régiment de sapeurs de chemins de fer. — Vol. in-8° de 120 pages..................................*franco*. 1 »
INSTRUCTION du 15 mai, relative à l'application aux troupes du génie, du décret du 28 décembre 1883, sur le Service intérieur, brochure in-32 de 32 pages............... » 30
RÈGLEMENT du 21 août 1887, sur l'organisation et l'administration des sections techniques d'ouvriers de chemins de fer de campagne. — Brochure in-8°. Net et *franco*........ » 80
ÉTAT du corps du génie pour 1888. — Volume de 260 pages :
Pour les officiers en activité, broché 1 50
— — relié .... 2 »
Pour les autres acquéreurs : broché.. 3 »
— — relié .... 4 »
* RÈGLEMENT sur l'organisation des troupes du génie affectées au service des chemins de fer. — Brochure in-8° de 16 pages... » 30
× INSTRUCTION pratique des cadres de l'Infanterie, approuvée par le Ministre de la guerre le 15 décembre 1876. — In-32 broché... » 15
× INSTRUCTION pratique des cadres du 17 octobre 1885, suivie de l'extrait de l'instruction du 9 mai 1885, cartonnage de 16 pages.. » 15
× INSTRUCTION sur les Manœuvres de brigades avec cadres pour l'Infanterie, du 26 février 1877. — In-32 cartonné .... » 25
× INSTRUCTION du 31 janvier 1884 pour les exercices de cadres de la brigade d'infanterie. — Brochure in-32, 16 pages.. » 25
DÉCISION ministérielle modifiant la tenue des officiers et adjudants d'infanterie (16 pages).. » 25
MODIFICATIONS à la décision ministérielle du 20 août 1886, sur le Képi de 1re tenue de l'infanterie et des sections diverses. — Brochure in-8° de 16 pages, *franco*.. » 25
× RÈGLEMENT du 23 février 1883 sur le fonctionnement de la masse d'entretien du harnachement et ferrage dans les corps de troupe d'infanterie (8 pages)........... » 20
* EXTRAITS DES RÈGLEMENTS ET INSTRUCTIONS SUR L'ADMINISTRATION, les appels et la mobilisation des réservistes et disponibles, à l'usage des troupes d'Infanterie.
Volume in-8° de 240 pages.. 2 50
Le même volume pour les demandes collectives.. 2 »
LA TACTIQUE de la compagnie et du bataillon à l'Etranger et en France d'après les règlements de manœuvres, volume in-8° de 118 pages.. 2 »
LA TACTIQUE de l'infanterie française en 1887. (Extrait de la *Revue d'Infanterie*). Brochure in-8° de 32 pages .... » 60
INSTRUCTION de la compagnie dans le service en campagne, par le capitaine (A.-D.), baron Ernest Wirbach, traduit de l'allemand par le lieutenant D. Jung, attaché au ministère de la Guerre. — 1 vol. in-8° de 276.. 4 »
WAVER, major de l'armée belge. — Conseils pratiques sur le perfectionnement de l'infanterie dans le service de campagne, pour officiers et sous-officiers, traduit de l'allemand, brochure de 54 pages.. 1 50
N. NEY, capitaine au 36e de ligne ; A. de la VILLATE, lieutenant-colonel au 5e de ligne. — Manuel du volontaire d'un an et du sous-officier dans l'infanterie, d'après le programme fixé par le règlement du 7 février 1873 (7e édit.). — Un volume in-18... 4 »
GUIDE du sous-officier et du caporal d'infanterie sur la place d'exercice, en ter-

rain varié et sur le champ de bataille. Manuel rédigé en vue de répondre aux questions ci-après des programmes annexés à la Circulaire du 3 septembre 1882, savoir : 1° Principes de discipline et d'éducation morale ; — 2° École des guides à l'École de compagnie et à l'École de bataillon ; — 3° Fonctions des caporaux dans la colonne de route ; — 4° Place et fonctions des caporaux et sous-officiers dans les revues et défilés ; — 5° Rôle et devoirs des caporaux et des sous-officiers dans le combat en ordre dispersé (2° partie de l'école de compagnie). — 1 vol. in-32 de 128 pages (2° édit.) broché.......... 35
Richement relié toile.......... » 60

LES OUTILS DU PIONNIER D'INFANTERIE d'après l'instruction ministérielle du 8 août 1880, complétée et rectifiée à l'aide des documents officiels les plus récents. — 25 figures intercalées dans le texte. — 1 volume in-32 de 84 pages broché.......... » 35
Richement relié toile.......... » 60

LES CARTOUCHES ET LE CAISSON D'INFANTERIE avec figures dans le texte. — 1 volume in-32 de 100 pages broché.......... » 35
Richement relié toile.......... » 60

ÉCOLE des tambours, clairons, musiciens et sapeurs, broch. in-32 de 48 pages... » 50

SONNERIES ET MARCHES du règlement du 29 juillet 1884, sur l'exercice et les manœuvres de l'infanterie, avec paroles du capitaine DU FRESNEL ; vol. de 96 pages. Broché. » 35
Relié.. » 60

Abonnement d'un an à la *Revue d'Infanterie*, publication périodique, 96 pages in-8°.
France.......... 20 »
Colonies et étranger.......... 25 »

LIVRETS

(Riche reliure en toile gaufrée avec barrette *déposée*.)
(Le nombre de feuillets peut être augmenté ou diminué.)

× **LIVRET de l'officier de peloton** (28 déc. 1883), contenant 150 feuillets imprimés. 3 »
× **LIVRET d'adjudant** contenant 170 feuillets.......... 3 »
× — — 350 — peut contenir 500 feuillets.......... 5 »
— **de sergent de section** contenant 92 feuillets.......... 2 50
× **Feuillets mobiles séparés** (indiquer l'espèce), le cent.......... 1 25
Couvertures.......... » 50
× **Barrettes en cuivre**.......... » 75
× **LIVRET de caporal d'escouade,** cartonné, contenant 36 pages.......... » 40
× **CONTROLE par rang de taille,** intérieur peau d'âne.......... » 60
Les livrets pour l'infanterie de marine et le génie sont aux mêmes prix.

CAVALERIE

× **DÉCRET du 31 mai 1882,** portant règlement sur les exercices de **la cavalerie,** revisant et complétant le décret du 17 juillet 1876. — 2 vol. in-32 avec figures dans le texte :
Tome premier. — Rapports. Titres I et II. 368 pages ; cartonné.......... 1 50
Tome second. — Titres III et IV. 290 p. ; cartonné.......... 1 50

× **INSTRUCTION pratique sur le service de la cavalerie en campagne,** appr. par le Ministre de la guerre le 10 juillet 1884. — In-32 cart , de 296 p., 4° édit. (modifiée). 1 »

× **MODIFICATION à l'instruction du 10 juillet 1884,** sur le service de la cavalerie en campagne, fascicule in-32 de 16 pages.......... » 25

× **INSTRUCTION sur les manœuvres de brigade, avec cadres, pour la cavalerie,** du 24 juin 1877. — In-32 broché.......... » 25

× **INSTRUCTION sur le service de la cavalerie éclairant une armée,** approuvée par le Ministre de la guerre le 27 juin 1876. — In-32 broché.......... » 20

× **DÉCRET DU 28 DÉCEMBRE 1883, portant Règlement sur le Service intérieur des troupes de Cavalerie** (6° édit.), in-32 cartonné de 400 pages.......... 1 50

× **RÈGLEMENT sur l'instruction du tir des troupes de cavalerie,** approuvé par le Ministre de la guerre, le 17 août 1884, in-32 cartonné de 216 pages avec nombreux dessins, 6° édition.......... 1 »

× **INSTRUCTION SOMMAIRE sur la conduite des voitures en guides dans la cavalerie,** approuvée par le Ministre de la Guerre le 26 mars 1887, brochure in-32 de 44 pages.. » 25

× **INSTRUCTION (extrait de l') MINISTÉRIELLE du 30 août 1884,** sur l'entretien des armes et des munitions. — Carabine de cavalerie sans baïonnette, revolver et armes blanches, munitions ; brochure in-32 de 64 pages.......... 30

NOMENCLATURE ET DESCRIPTION détaillée de la Selle de cavalerie (modèle 1874). — Brochure in-8° de 24 pages, *franco*.......... » 30

× **ARRÊTÉ MINISTÉRIEL du 6 avril 1883**, portant instruction pour l'admission des sous-officiers à l'École d'application de cavalerie. — 16 pages........ » 50
× **FORTIFICATION PASSAGÈRE** (Notions élémentaires de) à l'usage des volontaires d'un an. Service de la cavalerie........ » 20
× **RÈGLEMENT sur le service des Écoles dans la cavalerie** (Instruction du 17 janvier 1883), brochure de 32 pages........ » 50
× **DÉCISION ministérielle du 18 décembre 1883**, portant description d'une nouvelle tenue des officiers et adjudants de cavalerie; brochure in-32 de 20 pages........ » 25
CAVALERIE ET SES CHEVAUX (LA), par G***. — Brochure in-18 jésus........ 1 »
ENTRAINEMENT (L'), Étude sur la cavalerie, par G***. Extrait de la *France Militaire*. — Brochure in-18........ » 50
LE DRESSAGE DES CHEVAUX, par G*** (2e édit.). — Broch. in-18........ » 50
LEIRIS (V. de), lieutenant au 6e chasseurs. — **Patrouilles et Reconnaissances**, à l'usage des sous-officiers et brigadiers de cavalerie. — Broch. in-8° avec tableaux. » 50
DE SAINCTHORENT (Commandant), ancien député de la Creuse. — **Etudes sur les chevaux du Limousin, de l'Auvergne et de la Marche.** — Volume in-8° de 400 pages, avec dessins de Melle-Blondeau........ » »
L'ARMÉE FRANÇAISE en 1884 et le GÉNÉRAL DE GALLIFFET, par un officier hollandais, brochure in-8°........ 1 »
LA CAVALERIE de seconde ligne en France et à l'étranger, appels et période d'instruction, par Romuald Brunet, vol. de 96 pages........ » 35
Relié toile........ » 60
PASSAGE des cours d'eau à la nage par la cavalerie. — Volume de 64 pages, avec carte et figures........ » 35
Relié toile........ » 60
LA CAVALERIE FRANÇAISE EN 1884. Riche volume in-18 de 296 pages, édition de luxe (1886), par Uriez........ 3 »
A TRAVERS LA CAVALERIE. Organisation, mobilisation, instruction, administration, remontes, tactique. — Un vol. grand in-8° imprimé sur papier japon........ 6 »
ORGANISATION ET ROLE DE LA CAVALERIE FRANÇAISE pendant les guerres de 1800 à 1815 — 1 volume in-8° de 104 pages........ 2 50

LIVRETS

(Riche reliure en toile gaufrée avec barrette *déposée*.)

× **LIVRET de l'officier de peloton** (28 déc. 1883), contenant 150 feuillets imprimés. 2 75
× **LIVRET d'adjudant**........ 1 75
× **LIVRET du sous-officier de peloton**, contenant 150 feuillets........ 1 75
× **Feuillets mobiles séparés** (indiquer l'espèce); le cent........ 1 25
(Le nombre des feuillets peut être augmenté ou diminué.)
× **Couvertures**........ » 50
× **Barrettes en cuivre**........ » 75

ARTILLERIE

× **RÈGLEMENT sur le service et l'entretien du harnachement** de l'artillerie et des équipages militaires dans les corps de troupe et dans les établissements (11 juin 1883). » 40
× **INSTRUCTION sur l'emploi de l'artillerie dans le combat**, approuvée le 1er mai 1887, brochure in-32 de 86 pages........ » 50
TRAITÉ THÉORIQUE ÉLÉMENTAIRE DE TIR, par le capitaine C. Pilate du 25e d'artillerie, volume in-18, cartonné, de 152 pages........ 1 »
× **DÉCRET DU 28 DÉCEMBRE 1883**, portant Règlement sur le **Service Intérieur des troupes de l'Art. et du Train des équip. milit.**; in-32 cartonné le 420 p.. 1 50
× **MODIFICATIONS AU SERVICE INTÉRIEUR.** — Fascicule de 68 pages, imprimées d'un côté seulement........ » 25
× **EXTRAITS DES DÉCRETS**, des 23 octobre et 28 décembre 1883, portant règlement sur le service dans les places de guerre et les villes de garnison, et sur le service intér. des troupes de l'art. et du train des équip. milit., 1 vol. in-32 cart. de 288 p. 1 »
× **APPENDICE aux bases générales de l'instruction des corps de troupe de l'artillerie**, appr. par le Ministre de la guerre le 27 sept. 1883. broch. in-32 de 32 p. » 30
× **INSTRUCTION provisoire sur le service de l'artillerie en campagne**, approuvée par le Ministre de la guerre le 10 avril 1876. Brochure in-32........ » 30
× **INSTRUCTION sur le service de l'artillerie dans un siège**, approuvée par le Ministre de la guerre le 17 mai 1876. Brochure in-32 de 72 pages........ » 50
× **INSTRUCTION sur l'emploi du canon à balles dans les casemates pour le flanquement des fossés**, approuvé le 22 juillet (fascicule de 24 pages in-32)........ » 30

× **INSTRUCTION** provisoire sur la formation des pointeurs dans les corps de troupe de l'artillerie (2e édition)........ » 50

× **INSTRUCTION** sur le service de la carabine, modèle 1874, pour les troupes d'artillerie et du train des équipages militaires, approuvée le 24 mars 1876. — In-32, broché. » 20

× **INSTRUCTION** sur le service du mousqueton, modèle 1874, pour les troupes de l'artillerie, approuvée par le Ministre de la guerre le 24 mars 1876. — In-32, 32 pages... » 20

× **INSTRUCTION** (Extrait de l') ministérielle du 30 août 1884, sur l'entretien des armes et des munitions. — Mousqueton avec sabre-baïonnette, revolver et armes blanches, munitions, brochure in-32 de 48 pages........ » 25

× **MANUEL** à l'usage des officiers d'artillerie de la réserve et de l'armée territoriale. Construction des batteries. — In-32, 95 pages et 4 planches........ » 50

× **MANUEL** à l'usage des officiers d'artillerie de la réserve et de l'armée territoriale. Batteries de 5, de 7 et de 95 millimètres de campagne. — In-18. 168 pages .. » 75

× **RÈGLEMENT** sur l'instruction à pied dans les corps de troupe de l'artillerie, approuvé par le Ministre de la guerre le 25 novembre 1885. — 1 vol. in-32........ » 75

× **EXTRAIT** du règlement sur l'instruction à pied dans les corps de troupe de l'artillerie approuvé par le Ministre de la guerre, le 25 novembre 1885. — Vol. in-32... » 75

× **RÈGLEMENT** sur l'instruction à cheval dans les corps de troupe de l'artillerie approuvé le 20 décembre 1884. — In-32 de 204 pages, figures et tableau ; cartonné. » 75

× **RÈGLEMENT** sur l'organisation des pelotons d'instruction dans les corps de troupe de l'artillerie, approuvé par le Ministre de la guerre le 17 juillet 1876. In-32, broché. » 20

× **ADDITION** au titre III. — Règlement provisoire sur le service du mortier de 220 millimètres, approuvé par le Ministre de la guerre le 7 mai 1881. — Brochure in-32. » 50

× **ADDITION** au titre III. — Règlement sur le service des bouches à feu de petit calibre mont. sur affûts de siège et de place, appr. le 21 juil. 1883; vol. cart. de 96 p. » 50

× **ADDITION** au titre III. — Règlement provisoire sur le service des canons de 120 et de 155 millimètres, montés sur affut de siège muni de frein hydraulique, approuvé par le Ministre de la guerre le 25 septembre 1885; vol. cartonné de 116 pages........ » 60

× **ADDITION** au titre IV. — Règlement sur le service du canon-revolver, approuvé le 9 septembre 1883; volume de 48 pages........ » 30

× **ADDITION** au titre V, approuvée le 15 août 1875; canon de 16 et obusier de 22. 1 volume in-32 de 160 pages, cartonné........ 1 »

× **ADDITION** au titre V, approuvée le 21 mai 1880. — Canon de 19 et de 24 centimètres, rayé en fonte, tubé et fretté, monté sur affût de côte en fonte. 1 vol. in-32 de 144 p., cart. 1 »

× **ADDITION** au titre V. — Règlement sur le service de l'obusier de 22 cent. en fonte, rayé, fretté, monté sur un affût de côte en fonte et chassis en fonte à pivot central, approuvé par le Ministre de la guerre le 25 août 1885. Vol. in-32 de 64 pages........ » 50

× **ADDITION** au titre VII. — Instruction sur les manœuvres de la chèvre de place n° 1 (modèle 1875), approuvée par le Ministre de la guerre le 18 septembre 1876. — In-32. » 75

× **ADDITION** au titre VII. — Instruction sur les manœuvres de la chèvre de place n° 2 (modèle 1875), la manœuvre du cabestan de carrier et l'emploi des chariots à canon n° 1 et n° 2, approuvée par le Ministre de la guerre le 31 mai 1879. — Renseignements sommaires sur les mouv. du matériel relatifs au canon de 24 millim.; br. in-32, 64 p. » 50

× **RÈGLEMENT** sur le service des bouches à feu. — Titre Ier. — Service des bouches à feu de campagne, approuvé par le Ministre de la guerre, le 19 février 1875:

× 1re PARTIE : Service des bouches à feu de campagne se chargeant par la culasse, canons de 5 et de 7; 1 volume in-32 de 168 pages........ » 75

× 2e PARTIE : Service du canon à balles, 1 volume in-32, 128 pages........ » 75

× **RÈGLEMENT** provisoire sur le service des canons de 80 et de 90 millimètres, approuvé le 2 avril 1878. — 112 pages in-32........ » 50

× **RÈGLEMENT** provisoire sur le service du canon de 95 millimètres monté sur affût de campagne, approuvé le 20 mai 1878. — 112 pages in-32........ » 60

× **RÈGLEMENT** provisoire sur le service des canons de 80, de 90 et de 95 millimètres, 2e partie, approuvée le 18 novembre 1878, volume in-18 de 440 pages..... 3 »

× **ADDITION** au Règlement sur le service des canons de campagne ; batterie de 90 organisée avec des coffres modèle de 1880, approuvée le 20 juillet 1883, vol. in-32 cartonné de 144 pages........ » 75

× **RÈGLEMENT** sur le service de l'artillerie de montagne, 1 vol. in-32 de 232 p. 1 50

× **RÈGLEMENT** sur le service des batteries de 80 de montagne, approuvé le 22 mars 1882. — Nouvelle édition in-32 de 249 pages........ » 75

× **INSTRUCTION** du 14 février 1887 sur les formations en bataille et en marche des section de munitions et des sections de parc, brochure in-32 de 28 pages........ » 30

× **EXTRAIT** du Règlement sur les manœuvres des batteries attelées, approuvé le 11 août 1882, 1 vol. in-32 de 285 pages, avec figures........ 1 »

× **INSTRUCTION** sur le remplacement des munitions en campagne, br. in-32... » 30

(**)

× **INSTRUCTION** provisoire pour la préparation des troupes d'artillerie à l'exécution du tir indirect dans les places, approuvée le 24 janvier 1885. Vol. in-32 cart. de 64 pag. » 60
× **DÉCRET DU 4 NOVEMBRE 1886**, pourtant réorganisation et programme pour l'école d'artillerie et du génie .... » 50
× **PROGRAMME** des cours préparatoires professés dans les écoles régimentaires de l'artillerie et du train des équipages militaire (du 7 janvier 1887). Br. de 16 p. *franco*. » 50
× **COURS SPÉCIAL** à l'usage des sous-officiers d'artillerie approuvé par le Ministre de la Guerre le 20 juillet 1881, nouvelle édition, mise à jour jusqu'en 1888. — Volume in 8° de 252 pages.. 3 »
× **COURS SPÉCIAL** à l'usage des sous-officiers d'artillerie, approuvé par le Ministre de la guerre le 20 juillet 1881, nouvelle édition mise à jour jusqu'en 1888. — Vol. in-8° de 252 pages.. 3 »
MANUEL du sous-officier d'artillerie. — Vol. in-32 de 112 pages, cartonné........ 1 »
TARIFS ET DEVIS des objets composant le harnachement des chevaux de l'artillerie et du train des équipages (5 janvier 1887). — Brochure de 80 pages, *franco*.......... » 85
HISTORIQUE SUCCINCT DE L'ARTILLERIE AU TONKIN pendant les années 1883 et 1884, par L. Humbert, chef d'escadron d'artillerie de la marine, breveté d'état-major. — 2 volumes.. » 70 Reliés, 1 20

LIVRETS

(Riche reliure en toile gaufrée avec barrette *déposée*.)

× **LIVRET** de l'officier de demi-batterie (28 déc. 1883) conten. 200 feuillets imprimés. 2 75
× **LIVRET** de l'adjudant, contenant 200 feuillets.. 2 75
× **LIVRET** de maréchal des logis, contenant 89 feuillets.. 2 25
× Feuillets mobiles séparés (indiquer l'espèce); le cent.. 1 25
(Le nombre des feuillets peut être augmenté ou diminué.)
× Couvertures.. » 50
× Barrettes en cuivre.. » 75

TRAIN DES ÉQUIPAGES

× **DÉCRET** du 28 décembre 1883, portant règlement sur le service intérieur des troupes de l'artillerie et du train des équipages militaires, in-32 cartonné de 420 pages 1 50
× **MODIFICATIONS AU SERVICE INTÉRIEUR**. — Fascicule de 68 pages, imprimées d'un côté seulement.. » 25
× **EXTRAITS DES DÉCRETS** des 23 octobre et 28 décembre 1883, portant règlement sur le service dans les places de guerre et les villes de garnison, et sur le service intérieur des troupes de l'artillerie et du train des équipages militaires, vol., in-32 cartonné de 288 pages.. 1 »
× **RÈGLEMENT** sur l'instruction à pied dans les escadrons du train des équipages militaires, approuvé par le 21 juin 1877. 1 volume in-32 de 204 pages, cartonné. » 75
× **RÈGLEMENT** sur l'instruction à cheval dans les escadrons du train des équipages militaires, approuvé le 31 janvier 1877. — In-32, 170 pages.................. » 75
× **INSTRUCTION** sur la conduite des voitures en guides pour les troupes du train des équipages militaires, approuvée le 6 février 1875. — In-32, 64 pages........ » 40
× **RÈGLEMENT** sur la conduite des Voitures et Mulets de bât pour les troupes du train des équipages militaires, approuvé le 21 juillet 1883 (493 pages avec nombreuses figures dans le texte).. 2 »
× **RÈGLEMENT** sur l'organisation des pelotons d'instruction dans le corps du train des équipages, approuvé par le Ministre de la guerre le 17 juillet 1876. In-32 broc. » 20
× **INSTRUCTION** sur le service de la carabine, modèle 1874, pour les troupes d'artillerie et du train des équipages militaires, approuvée par le Ministre de la guerre le 24 mars 1876. — In-32, broché.. » 20
× **INSTRUCTION** (extrait de l') **MINISTÉRIELLE** du 30 août 1884, sur l'entretien des armes et des munitions. — Carabine de cavalerie avec baïonnette et carabine de gendarmerie avec sabre-baïonnette, revolver et armes blanches, munitions. — Brochure in-32 de 64 p. » 30
× **INSTRUCTION** (Extrait de l') ministérielle du 30 août 1884 sur l'entretien des armes et des munitions. — Mousqueton avec sabre-baïonnette, revolver et armes blanches, munitions. — Brochure in-32 de 18 pages.. » 25
TARIFS ET DEVIS des objets composant le harnachement des chevaux de l'artillerie et du train des équipages (5 janvier 1887). — Brochure de 80 pages, *franco*.......... » 85

LIVRETS

(Riche reliure en toile gaufrée avec barrette *déposée*.)

× **LIVRET** de l'officier de demi-compagnie (28 déc. 1883) cont. 200 feuillets impr. 2 75

× **LIVRET** de l'adjudant, contenant 200 feuillets 2 75
× — du maréchal des logis, contenant 89 feuillets 2 25
× Feuillets mobiles séparés (indiquer l'espèce); le cent 1 25
(Le nombre des feuillets peut être augmenté ou diminué.)
× **Couvertures** .... » 50
× **Barrettes en cuivre** .... » 75

Justice militaire et Gendarmerie.

Abonnement d'un an au *Moniteur de la Gendarmerie* avec *l'Annuaire*. France Corse, Algérie et Tunisie 6 50
Colonies et étranger .... 8 »

PRÉVOTÉ AUX ARMÉES. — Extrait des circulaires des 19 et 25 octobre 1887. — In-32 de 64 pages, relié toile .... » 60

DÉCRET du 19 octobre 1887 sur la comptabilité des prévotés en campagne. — Brochure de 76 pages avec modèles et tableaux. Prix net et *franco* .... » 70

INSTRUCTION du 25 octobre 1887 sur le service prévôtal de la gendarmerie aux armées. — Brochure in-8° de 188 pages, *franco* 1 50

LA GENDARMERIE DE DEMAIN ou la Gendarmerie après la nouvelle loi militaire. — Brochure in-18 de 72 pages .... 1 »

ANNUAIRE spécial de l'arme de la Gendarmerie, pour 1888. — Broch in-8° de 228 p. 2 »

ALMANACH de la Gendarmerie pour 1888; brochure in-32, de 192 pages .... » 60

DÉCRET du 1er mars 1854, sur l'organisation et le service de la gendarmerie, mis au courant et annoté par un officier de l'arme (édition de 1888). — Vol. in-8°, relié 2 »
Le même, intercalé de papier blanc .... 3 »

CATALOGUE des médicaments fournis aux militaires de la gendarmerie et à leurs familles, brochure in-8° de 16 pages .... » 25

RÈGLEMENT du 9 avril 1858 sur le service intérieur de la Gendarmerie, modifié par les nouvelles instructions et annoté jusqu'au mois de mars 1886 par un officier de l'arme, suivi de l'instruction spéciale du 25 avril 1873 sur l'hygiène des chevaux des brigades de gendarmerie. Volume in-8 .... 1 30
Le même, intercalé de papier blanc 2 50

INSTRUCTION MINISTÉRIELLE du 30 avril 1883, sur le service municipal de la Garde Républicaine. — Volume in-8° de 64 pages, relié .... » 40

DÉCRET du 18 février 1863, portant règlement sur la solde, les revues, l'administration et la comptabilité de la Gendarmerie, annoté et mis à jour jusqu'au 1er août 1887 par E. Corsin, capitaine à la Garde Républicaine, volume in-8°, relié toile anglaise, de 278 pages .... 5 »

MINISTÈRE DE LA GUERRE. — Extrait à l'usage des brigades de Gendarmerie de **l'Instruction du 28 décembre 1879** (édition refondue), sur l'administration des hommes de tout grade de la disponibilité, de la réserve et de l'armée territoriale dans leurs foyers. — Volume in-18 de 230 pages (édition de février 1887) .... 2 »

DICTIONNAIRE des connaissances générales utiles à la Gendarmerie, par L. Amade chef de légion et, pour la partie administ., par E. Corsin, capit. à la Garde Républicaine attaché au Ministère de la guerre. — Fort vol. in-8°, broché, de 800 p. (5e édition). 5 »
Relié en toile anglaise .... 6 »

CARNET-GUIDE du gendarme, revu, augmenté et mis à jour (5e édition de 1888), volume entièrement modifié, d'un format commode, facile à mettre dans la poche, recouvert élégamment en toile dorée 1 25

NOUVEAU VADE-MECUM de la gendarmerie, par M. le lieutenant Berthet, commandant d'arrondissement, joli in-32 de 130 pages, relié en toile anglaise 1 25

RÈGLEMENT de 1884, pour les frais de comparution en justice et le transfèrement des prisonniers, brochure in-32 .... » 30

LOIS, DÉCRETS, CIRCULAIRES réglementant la fabrication, l'emploi et le transport de la dynamite et du coton-poudre. — Volume in-8° de 84 pages .... 1 »

LOI du 3 mai 1844 sur la police de la chasse, modifiée par la loi du 22 janvier 1874, annotée et commentée par M. Bertrand, Proc. de la Républ., à l'usage de la gend. . » 30

LOI sur la Pêche fluviale, annotée et commentée par M. Bertrand, Procureur de la République, à l'usage de la gendarmerie (4e édition) .... » 50

LOI sur la police du Roulage et des Messageries publiques, commentée et annotée par M. Bertrand, Procureur de la République, à l'usage de la gendarmerie .... » 30

EXTRAIT du décret du 10 août 1852 sur la police du roulage (notice destinée à être placardée à l'intérieur des voitures publiques) .... » 05

DÉCRET du 3 novembre 1855 sur la police du roulage et des messageries publiques

en Algérie, suivi d'un arrêté ministériel daté du même jour, annotés et commentés, à l'usage de la gendarmerie .... » 40

LOI sur la police sanitaire des animaux, promulguée le 22 juin 1882 .... » 20

MANUEL DU GENDARME pour servir à la rédaction des procès-verbaux, indispensable à tous les sous-officiers, brigadiers et gendarmes soucieux de bien remplir leur mission. 10e édition. Beau petit volume in-32 de 100 pages, richement relié en toile gaufrée .... » 80

MODÈLES d'analyses de procès-verbaux pouvant s'appliquer à tous les cas qui se rencontrent dans la Gendarmerie. — Brochure in-18 .... » 30

CARNET *de poche à l'usage des commandants de brigade et des gendarmes* **pour servir à l'inscription des signalements**, mandats de justice et ordres de recherche, avec table alphabétique, papier blanc réservé pour notes, relié toile avec coulisseau.

de 130 feuillets 1 50

de 236 feuillets 2 50

RÉSUMÉ MÉTHODIQUE des pièces à fournir par les commandants de brigade en ce qui concerne le recrutement, les militaires en congé, en permission ou à l'hôpital, revu et annoté par le commandant P. T. — Brochure in-18 .... » 80

DEVOIRS de la gendarmerie en ce qui concerne les hommes astreints au service militaire. (Chap. 1er de l'instruction du 20 décembre 1880); in-18. Cartonné .... » 15

CODE-MANUEL des réquisitions militaires. Textes officiels annotés et mis à jour par de L..., licencié en droit et l'intendant militaire A. T... 3 vol.

Tome Ier. — Exposé de principes; texte de la loi du 3 juillet 1877 et du règlement du 2 août 1877, avec notes et commentaires. Brochure in-32 de 112 p. broché .... » 85

Relié toile .... » 80

Tome II. — Recensement et réquisition des chevaux et voitures. Brochure in-32 de 96 pages broché .... » 35

Relié toile .... » 60

Tome III. — Guide pratique des diverses autorités et commissions pour l'application de la loi du 3 juillet 1877. Formules et modèles. Broch. in-32 de 96 p. broché .... » 35

Relié toile .... » 80

Tome IV. — (Supplément). Instruction du 21 juillet 1886 pour le règlement des dommages causés aux propriétés privées par les manœuvres ou exercices exécutés annuellement par les corps de troupe. — Volume de 32 pages .... » 35

DU DROIT des Fonctionnaires publics de requérir la gendarmerie et la troupe. — In-32, broché .... » 20

LA PRÉVOTÉ EN CAMPAGNE, *Aide-Mémoire*, par M. L. AMADE, lieut.-colonel, commandant la 11e légion. — Ouvrage in-32 de 232 pages, honoré d'une souscription des Ministres de la guerre et de la marine, 2e édition.

Broché 1 30

Cartonné 1 60

Relié toile, avec poche, coulisseau à crayon .... 2 »

RÈGLEMENT sur les exercices à pied de la gendarmerie, approuvé par le Ministre de la guerre le 2 mai 1883. Un vol. relié de 198 p., avec figures dans le texte (édition de 1887). 1 »

RÈGLEMENT sur les exercices à pied et à cheval de la gendarmerie, approuvé par le Ministre de la guerre le 2 mai 1883. Un vol. relié de 424 pag., avec figures dans le texte. 1 25

NOUVEAUX CODES FRANÇAIS et lois usuelles civiles et militaires. Recueil spécialement destiné à la gendarmerie et à l'armée (édition de 1887). — Relié toile anglaise 6 »

LES CODES FRANÇAIS à jour jusqu'en 1872 seulement et d'une édition inférieure. 2 »

CODE-MANUEL de justice militaire pour l'armée de terre, suivi d'une instruction pour la tenue de l'audience par le président, d'un extrait des Codes d'instruction criminelle et pénal; d'un recueil des lois, décrets et circulaires ministérielles, des divers modèles d'actes et procès-verbaux judiciaires. — Fort volume de 384 pages, relié .... 2 »

ÉMILE LOYER, chef d'escadron de gendarmerie. — **La Police judiciaire militaire en temps de paix et en temps de guerre.** — Volume in-32 de 224 pages 1 50

Aug. **CUSIN ET DECHENNE.** — **GUIDE des rapporteurs près les conseils de guerre permanents en temps de paix,** fort vol. in-8° de 180 pages .... 4 »

MANUEL sur les pensions de retraite des Officiers, Sous-Officiers, Brigadiers, Caporaux, soldats ou gendarmes, et sur les pensions des veuves et secours aux orphelins, avec tarifs, annotations et explications utiles à la gendarmerie; brochure in-8° de 52 pages, avec nombreux tableaux (2e édition) .... 1 »

INSTRUCTION du 27 août 1886, relative aux demandes de secours .... » 50

INSTRUCTION sur les emplois civils réservés aux sous-officiers, à l'usage des militaires de la Gendarmerie; brochure in-32 de 96 pages .... » 50

INSTRUCTION sur la police des cafés, cabarets, auberges et autres lieux publics avec la jurisprudence de la Cour de cassation sur tous les cas particuliers, br. in-32 de 48 p. » 35

INSTRUCTION sur la police des chiens. Application des règlements de police dans les

campagnes, dans les villes, à Paris et dans les communes du ressort de la préfecture de police. .... » 25
LOI du 18 avril 1886 sur l'espionnage, en placard.... » 15
LOI du 23 janvier 1873 sur l'ivresse publique, annotée et commentée.... » 25
LOI tendant à réprimer l'ivresse publique et à combattre les progrès de l'alcoolisme, promulguée le 3 février 1873, en feuille.... » 15
INSTRUCTION du 28 juin 1887 sur le harnachement de la gendarmerie modifiant celle du 21 octobre 1881.... » 30
INSTRUCTION sur les conditions d'admission dans la Gendarmerie des officiers et des sous-officiers de l'Armée, et Programmes des examens à subir.... » 25
INSTRUCTION (extrait de l') MINISTÉRIELLE du 30 août 1884, sur l'entretien des armes et des munitions. — Carabine de cavalerie avec baïonnette et carabine de gendarmerie avec sabre-baïonnette, revolver et armes blanches, munitions. — Brochure in-32 de 64 p. » 30
INSTRUCTION ministérielle du 15 janvier 1874, sur la nomenclature, le démontage, le remontage et l'entretien du revolver modèle 1873. Brochure in-32.... » 30
En placard.... » 15
INSTRUCTION sur l'entretien de la carabine mod. 1866-67 (en placard).... » 20
NOMENCLATURE de la carabine modèle 1866-74 (en placard).... » 15
ESQUISSE HISTORIQUE de la Gendarmerie française, par H. Delattre :
Belle brochure in-18 de 88 pages.... 2 »
LA GENDARMERIE NATIONALE DEVANT LES CHAMBRES. — Brochure in-18... » 50
INSTRUCTION pour l'administration des gendarmes réservistes et territoriaux dans leurs foyers (circulaire ministérielle du 1er février 1884.) — Broch. in-32 jésus. » 25

Ecoles.

MANUEL DU DYNAMITEUR. La dynamite de guerre et le coton-poudre, *leur fabrication, leur conservation, leur transport et leur emploi,* d'après les règlements en vigueur, par le commandant Dumas-Guilin. — Vol. in-18 de 388 pages, avec 48 figures. 4 »
RÈGLEMENT du 10 mars 1888 relatif à l'instruction à donner en temps de paix au personnel du service de la télégraphie militaire. — Brochure in-8° de 32 pages..... *franco.* » 35
CONCOURS pour l'obtention du brevet d'état-major (conditions d'examen et programme pour l'année 1889.... » 20
INSTRUCTION du 28 juin 1888, pour l'admission à l'Ecole supérieure de guerre en 1889 brochure, in-18.... » 30
RÈGLEMENT du 18 avril 1875 pour le service des écoles régimentaires des corps de troupe de toutes armes. — In-8°, de 39 pages.... » 50
PROGRAMMES adoptés le 18 avril 1875 pour l'enseignement dans les écoles régimentaires des corps de troupe de toutes armes. — In-8°, 28 pages.... » 50
RÈGLEMENT & PROGRAMME du 31 juillet 1879, pour l'infanterie.... 1 25
× **RÈGLEMENT 17 janvier 1883 sur le service des Ecoles dans la cavalerie** brochure in-32 de 32 pages.... » 50
× **DÉCRET du 4 novembre 1886, portant réorganisation et programme pour l'école d'artillerie et du génie**.... » 50
× **PROGRAMME des cours préparatoires,** professés dans les écoles régimentaires de l'artillerie et du train des équipages milit. (du 7 janvier 1887), br. in-8° de 16 p., *franco* » 25
× **COURS SPÉCIAL à l'usage des sous-officiers d'artillerie,** approuvé par le Ministre de la guerre le 20 juillet 1881, nouvelle édition mise à jour jusqu'en 1888. — Vol. in-8° de 252 pages.... 3 »
× **PROGRAMME des connaissances que doivent posséder les engagés conditionnels d'un an à l'expiration de leur année de service.** (Art. 56 de la loi du 27 juillet 1872). Pour l'infanterie.... » 25
× **PROGRAMME des examens pour l'admission à l'école d'administration de Vincennes.** — Brochure in-32 de 16 pages.... » 50
ALPHABET DU SOLDAT. — Ouvrage adopté par M. le Ministre de la guerre, pour l'enseignement de la lecture dans les écoles régimentaires de toutes armes ; cartonné... » 30
LECTURES DU SOLDAT, livre de lecture courante à l'usage de l'armée, faisant suite à l'alphabet du soldat.... 1 »
ADAM (Adolphe), professeur d'histoire au Prytanée militaire de La Flèche. — **Lectures militaires à l'usage des écoles régimentaires.** — Fort volume in-12, cartonné. 1 50
NOEL et CHAPSAL. — **Nouvelle Grammaire française** avec nombreux exercices d'orthographe, de syntaxe et de ponctuation. — Volume in-8° de 220 pages.... 1 50
BESCHERELLE (H.) Jeune. — **Dictionnaire classique de la Langue française, le plus exact et le plus complet de tous les ouvrages de ce genre, et le seul où l'on trouve** la solution de toutes les difficultés grammaticales et **généralement de toutes celles inhé-**

rentes à la langue française, suivi d'un **Dictionnaire géographique, biographique et mythologique.** — Fort volume grand in-8° de 1,300 pages........................ 11 »
Le même, richement relié demi-maroquin.. 15 »
LAROUSSE. — **Nouveau dictionnaire de la langue française,** comprenant : 1° Une nomenclature très complète de la langue, avec la nouvelle orthographe de l'Académie, les étymologies et les diverses acceptions des mots appuyées d'exemples; 2° Des développements encyclopédiques relatifs aux mots les plus importants des sciences, des lettres et des arts; 3° Un dictionnaire des locutions grecques, latines et étrangères que l'on trouve souvent citées par nos meilleurs écrivains; 4° Un dictionnaire géographique, historique, artistique et littéraire. **Quatre dictionnaires en un seul.** 64° édition, augmentée et illustrée de 1,500 gravures. Prix, cartonné.. 2 75
Par la poste.. 3 35
MODÈLES D'ÉCRITURES en tous genres, carnet complet très soigné.................. 1 50
MINISTÈRE DE LA GUERRE. — Écoles régimentaires. — Cours préparatoire.
— ***Grammaire et composition française.** — In-18, 324 pages.................. 2 »
— ***Arithmétique et Système métrique.** — In-18, 230 pages.................. 1 60
— ***Géométrie.** — In-18, 197 pages avec figures dans le texte.................. 1 60
— ***Topographie.** — In-18 182 pages avec figures dans le texte, tableaux et carte... 2 »
— ***Fortification de campagne.** — In-18, 191 pages, avec figures dans le texte... 2 »
— ***Géographie.** — In-18, 174 pages avec 14 cartes.................. 3 »
— ***Histoire militaire.** — In-18, 246 pages, avec 12 cartes.................. 4 50
Les 7 volumes pris ensemble, **13 fr. 50,** frais de port en sus.
SOLUTIONS RAISONNÉES des questions de géométrie proposées dans le cours des écoles régimentaires, à l'usage des sous-officiers candidats à l'école militaire de Saint-Maixent, vol. in-18 de 156 pages.. 3 »
MANUEL FRANÇAIS-ITALIEN sur les reconnaissances d'après le programme ministériel du 30 septembre 1874, par Jules Papillon, officier d'Académie, membre fondateur de la Société polytechnique militaire. — Vol. in-32 de 200 pages.................. 1 50
GUIDE MILITAIRE FRANCO-ALLEMAND, à l'usage de l'armée, des écoles militaires, des collèges et des sociétés de gymnastique, par Emile Labert.................. 1 50
PETIT GUIDE FRANÇAIS ALLEMAND à l'usage du soldat. — Br. in-32 de 20 pages, couverture parcheminée.. » 20

Corps spéciaux

DOUANIERS ET CHASSEURS FORESTIERS

GUIDE à l'usage des officiers des bataillons de douaniers, par L. Pierre. — Vol. in-32 de 112 pages, relié toile.. 1 »
MANUEL D'INSTRUCTION MILITAIRE à l'usage des brigadiers, candidats au grade de sous-lieutenant des douanes et des officiers et contrôleurs candidats au grade de sous-inspecteur des douanes, par L. Martin, contrôleur des douanes. — Vol. in-32 de 120 pages, relié toile.. 1 50

Correspondance par signaux.

× **RÈGLEMENT** du 1er avril 1887 sur l'organisation et le fonctionnement du service des signaleurs dans les corps de troupe d'infanterie.................. » 05
× **INSTRUCTION** du 16 juin 1885 pour la correspondance par signaux dans les corps de troupe. — Brochure in-32 de 64 pages.................. » 60
× **EXTRAIT** de l'Instruction pour la correspondance par signaux.................. » 05
× **CARNET** de Dépêches spécial contenant, sous une couverture parcheminée, un bloc de dépêches numérotées de 1 à 48.. » 75

Arts académiques.

× **MANUEL** de gymnastique, approuvé par le Ministre de la guerre le 26 juillet 1877. — Volume in-32 de 236 pages, avec figures dans le texte et une planche.................. 1 25
× **MANUEL** d'escrime, approuvé par le Ministre de la guerre le 18 mai 1877. — Vol. in-32 de 128 pag. avec figures dans le texte. — Cartonné.................. » 60
× **ASSOUPLISSEMENT** (Exercices plus particulièrement propres à l'Extrait de l'instruction du 24 avril 1846). — In-32 broché.................. » 15
ESCRIME DE CHAMBRE, méthode pour s'exercer seul à faire des armes, par le commandant E. T. — Brochure in-32 de 24 pages.................. » 25
INSTRUCTION du 9 octobre 1885, sur l'organisation et le fonctionnement des sociétés de tir et de gymnastique.................. » 60

Topographie, Cartes, Plans, Instruments, etc.

SERVICE GÉOGRAPHIQUE DE L'ARMÉE

(DÉPOT DE LA GUERRE)

Par décision ministérielle, M. Henri Charles-Lavauzelle, libraire-éditeur militaire, a été nommé agent direct, chargé de la vente des produits de la guerre. Cette maison est donc à même de fournir toutes les publications de l'état-major général; le catalogue est envoyé *franco*, contre toute demande affranchie et accompagnée de 0 fr. 15 en timbres-poste.

COURS DE TOPOGRAPHIE, à l'usage des officiers et sous-officiers de toutes armes (armée active, réserve, armée territoriale), ouvrage rédigé conformément aux programmes officiels du 30 septembre 1874, par A. LAPLAICHE, professeur de la Société française de physique, de la Société nationale de topographie pratique, ancien professeur de l'Université. — 2 vol. in-32, (5e édition) :
Le 1er de 120 pages, orné de 140 figures, broché........ » 35
Relié toile gaufrée........ » 60
Le 2e de 128 pages, orné de 66 figures, broché........ » 35
Relié toile gaufrée........ » 60

* **MINISTÈRE DE LA GUERRE.** — Écoles régimentaires. Cours préparatoire. — **Topographie.** — 1 vol. in-18 de 182 pages, avec figures dans le texte, tableaux et carte.... 2 »

* **NOTIONS sommaires sur l'étude et la lecture des cartes topographiques**, par le commandant A. H. — Brochure in-8° avec nombreux plans et dessins........ » 75

VAUCRESSON (A. DE), colonel du 13e de ligne. **École théorique et pratique d'orientation militaire** à l'usage des troupes de toutes armes. — In-18.
Broché, 25 cent. — Par la poste........ » 25

Carte du Tonkin, publiée avec l'autorisation de M. le Ministre de la Marine et des Colonies, par M. A. GOUIN, lieutenant de vaisseau. Chromolithographie, format 74/108 cent.... 4 »

* **CARTE des environs de LIMOGES** au $\frac{1}{20,000}$ format 100×80 centimètres.
En feuille........ 2 »
Collée sur toile........ 4 »
— et pliée........ 5 »

* **CARTE des terrains de manœuvres de LIMOGES** au $\frac{1}{10,000}$, format 59×65 centimètres, imprimée en 4 couleurs.
En feuille........ » 75
Collée sur toile........ 1 50
— et pliée........ 2 25

* **NOUVELLE CARTE militaire de la France**, par le commandant BONETTI, donnant, par région de corps d'armée et par subdivision de région, l'emplacement de toutes les troupes de l'armée active y compris les nouveaux régiments et de l'armée territoriale, les anciennes et nouvelles lignes de chemins de fer, etc.; belle chromo-lithographie en 7 couleurs, avec répertoire et tableaux y annexés, honorée d'un prix du Ministre et couronnée par la Société nationale d'Instruction et d'Éducation populaires (médaille d'honneur). — Une feuille format grand-colombier, 10e édition........ 2 »

× **GRAPHIQUES de marche.** — Papier quadrillé bleu à 2m/m, format 30/40 centimètres, avec traits renforcés dans les deux sens pour indiquer les heures et les distances. la feuille » 08

× **RAPPORT de reconnaissance**, modèle A, conforme au modèle donné à l'instruction pratique sur le Service en campagne n° 72, infanterie, et n° 70, cavalerie; le cent........ 2 »

× **ENVELOPPES** pour lesdits rapports, le cent........ 2 50

× **CARNET** de manœuvres, solidement relié, avec poche, deux coulisseaux, crayons rouge et bleu, fermant avec caoutchouc soie, contenant un bloc de 100 rapports de reconnaissance et 25 enveloppes à leur usage........ 5 »

× **BLOC** de 100 rapports de reconnaissance, modèle A, pour remplacement dans le carnet ci-dessus. *Le dos est préparé pour le collage. Il suffit de l'humecter et de l'appliquer* 2 50

* **PAPIER BLEU à décalquer indéfiniment**, permettant de reproduire simultanément plusieurs copies du même travail. (*Pour obtenir ce résultat, il suffit d'intercaler une feuille de ce papier entre deux feuillets blancs, écrire sur le premier de ces feuillets, et l'on obtient une copie; deux feuilles bleues intercalées reproduisent deux copies, trois feuilles intercalées en donnent trois, plus l'original.*) — La feuille format 0,16/0,21..... » 08

× **RAPPORT journalier** (manœuvres de brigade avec cadres, 12 février 1879)........ » 06

ALIDADE (double décimètre) **triangulaire**; l'une........ » 50

BOUSSOLE déclinatoire, 0m,07 de côté; l'une........ 1 25

BOUSSOLE déclinatoire, 0m,07 de côté ; à suspension.......... 1 [illegible]
Id. id. id. id. et boulons pour carton-planche.... 2 »
BOUSSOLE forme montre, cuivre et melchior, 30 millimètres.......... 1 »
La même avec arrêt, 35 millimètres.......... 1 55
La même avec arrêt et chape agate, 40 millimètres.......... 2 50
CRAYONS de couleur mine bleu, qualité supérieure H.-C.-L.......... » 20
— — rouge, — » 20
— — bistre, — » 20
— — vert, — » 20

CURVIMÈTRE breveté s. g. d. g. — Instrument de poche destiné à mesurer les lignes droite, courbes ou brisées sur les plans et cartes géographiques; indispensable aux officiers, ingénieurs, architectes et géomètres. — Prix.......... 1 50

CURVIMÈTRE à cadran servant à mesurer instantanément et sans report à l'échelle les distances sur les cartes géographiques et les plans quelles que soient leurs échelles, prix avec étui.......... 7 50

PODOMÈTRE, 16 lignes, boîte métal nickelé à fond, mouvement cuivre à deux aiguilles, cadran émail à zone couleur, MARCHE GARANTIE et rendu *franco*.......... 16 »

POCHE A CARTES en taffetas transparent et imperméable, à faces quadrillées.
(L'une des faces est divisée en centimètres et en demi-centimètres, l'autre en carrés renforcés ayant 0,0125 de côté et chacun de ces côtés en quatre parties égales ; cette disposition permet de calculer les distances sans le secours du compas ni d'aucun autre instrument sur une carte d'échelle quelconque, depuis le 1/1,000 jusqu'au 1/1,000,000, y compris, par conséquent, les échelles les plus usuelles de 1/20,000, 1/40,000, 1/80,000, 1/320,000, 1/50,000, 1/100,000, 1/500,000.)
Modèle de la maison Henri CHARLES-LAVAUZELLE.......... 1 50

POCHE en étoffe transparente, permettant de lire les cartes sur le terrain sans qu'elles puissent être détériorées par la pluie (modèle de l'Ecole de guerre), l'une.......... 1 50

Sciences et Arts militaires.

F. ROBERT, ancien professeur à l'Ecole supérieure de guerre, chef d'état-major de la 6e division d'infanterie.
1re partie, **Tactique de combat des grandes unités**, volume in-8° de 160 pages avec six planches en chromo-lithographie, hors texte (1885).......... 4 »
2e Partie, **Tactique appliquée**, volume de 216 pages avec 6 planches hors texte en chromo-lithographie (1887).......... 4 »

QUINTEAU (A.). — **La Guerre de surprises et d'embuscades.** — 2 beaux volumes, grand in-8° d'environ 800 pages, brochés.......... 12 »

BERNARD (H.), colonel du 144e rég. d'infanterie. — **Traité de tactique expérimentale.**
Tome I, de 541 avant J.-C. à 1796. — Fort volume grand in-8°.......... 7 50
Tome II, de 1797 à 1805. — — 7 50
Tome III, de 1806 à 1812. — — 7 50
Tome IV, de 1813 à 1814. — — 7 50
Tome V, de 1815 à 1854. — — 7 50
Tome VI, de 1855 à 1859. — — 7 50

FIX (H.-C.), colonel, commandant le 6e régiment d'infanterie belge. — **La stratégie appliquée**, avec cartes et plans, 2 forts volumes, grand in-8° de 500 pages.......... 15 »

DUMONT chef de bataillon au 92e. — **Guide pratique pour la guerre en Algérie**, à l'usage des officiers et des sous-officiers. — Brochure in-18 de 96 pages.......... 1 25

VAUCRESSON (A. DE), colonel du 13e de ligne. **Règlements sur les exercices et évolutions des troupes à pied en Italie, en Autriche et en Allemagne, traduits, résumés** et annotés : Préliminaires. — Bases de l'instruction. — Ecole du soldat. — Armes à feu portatives. Ecole de peloton. — Méthode d'instruction. — Exercices et exemples de combat. — 1 volume in-18 de 450 pages. — Cartonné.......... 2 25

DISCIPLINE DU FEU dans le règlement autrichien sur les manœuvres de l'infanterie. — Broch. in-18.......... » 60

Hygiène et Service médical.

MANUEL du service des hôpitaux, à l'usage des officiers d'administration de la réserve, de l'armée territoriale et des candidats à ce grade, par S. Poulard, officier d'administration des hôpitaux, professeur à l'Ecole d'administration de Vincennes — Vol. in-8° de 308 pages. 6 »

INSTRUCTION du 9 juin 1888, pour l'exécution de la loi du 22 janvier 1851, portant création de la statistique médicale de l'armée. — Br. de 96 pages.......... » 80

A NOS SOLDATS. — *Premiers secours à porter aux blessés*, par le docteur A Tissot, de la Faculté de médecine de Paris. — Vol. in-32 de 210 pages, relié toile.......... 1 50

MÉDECINE ET MÉDECINS MILITAIRES de l'Armée française en 1888 (Armée active, réserve, armée territoriale). — Volume in 8° de 64 pages........................ 1 50

INSOLATION (DE L'), conseils pratiques pour la prévenir sur les troupes en marche. — Brochure in-32 (2e édition)........................ » 25

DAMMIEN, médecin-major de 1re classe au 12e d'infanterie, et **TRUMELET** colonel au même régiment. — **Cours élémentaire d'hygiène militaire et de secours sanitaires d'improvisation.** Seconde édition; brochure in-8° de 112 pages........................ » 75

CHARGEMENT DES VOITURES de chirurgie avec deux planches représentant ses côtés droit et gauche. — Décision ministérielle du 20 juin 1881. — Brochure de 48 pages in-8°........................ » 30

Hippologie, etc.

TRAITÉ D'ÉQUITATION à l'usage de MM. les officiers d'infanterie et assimilés, par le capitaine Lechevrel, instructeur au 5e chasseurs. — Vol. in-8° de 110 pages........ 2 »

INSTRUCTION spéciale sur l'hygiène des chevaux. — Brochure in-8°.......... » 25

VALLON (A). — Abrégé d'hippologie à l'usage des sous-officiers de l'armée, adopté pour l'enseignement de l'hippologie dans l'armée........................ 3 50

COURS abrégé d'hippologie à l'usage des sous-officiers, etc., des corps de troupe à cheval, rédigé par les soins de la commission d'hygiène hippique, approuvé par le Ministre de la guerre le 2 avril 1875. — In-18........................ 1 50

ÉTUDES HIPPIQUES du capitaine Bellard du 13e régiment de chasseurs, brochure in-8° de 200 pages........................ 2 »

MANUEL de maréchalerie à l'usage des maréchaux ferrants de l'armée, approuvé par le Ministre de la guerre le 12 décembre 1875 (212 pages in-32). Cartonné.......... 1 25

Historique des corps de troupe.

M. Henri CHARLES-LAVAUZELLE se met à la disposition de tous les chefs de corps pour publier l'historique de leur régiment dans la série de la *Petite Bibliothèque de l'Armée française*.

HISTORIQUE du 2e régiment d'infanterie. — In-32 de 128 pages, 2e édition.
Broché........................ » 35
Richement relié toile........................ » 60

HISTORIQUE du 25e de ligne. — Vol. de 128 pages........................ » 35
Richement relié en toile........................ » 60

HISTORIQUE du 30e de ligne. — Vol. de 128 pages, broché........................ » 35
Relié toile anglaise........................ » 60

HISTORIQUE du 31e de ligne. — Vol. de 64 pages........................ » 35
Relié toile........................ » 60

HISTORIQUE du 35e de ligne. — Vol. de 112 pages........................ » 35
Richement relié en toile........................ » 60

HISTORIQUE du 56e de ligne (2e édition). — Vol. in-32 de 120 p., broché........................ » 35
Richement relié en toile........................ » 60

HISTORIQUE du 62e de ligne (2e édition). — Vol. in-32 de 96 p., broché........................ » 35
Richement relié toile........................ » 60

HISTORIQUE du 64e de ligne, rédigé d'après les ordres du colonel Deaddé, commandant le régiment — Vol. de 64 pages........................ » 35
Relié toile........................ » 60

HISTORIQUE du 65 de ligne, extrait du registre des marches et opérations du régiment. — Volume de 128 pages........................ » 35
Relié toile........................ » 60

HISTORIQUE du 69e de ligne — Vol. de 128 pages, broché........................ » 35
Relié toile........................ » 60

HISTORIQUE du 71e de ligne, rédigé d'après les ordres du colonel Lachau, par le capitaine adjudant-major Le Grand. — Vol. de 72 pages........................ » 35
Relié toile........................ » 60

HISTORIQUE du 72e de ligne. — Volume de 128 pages, broché........................ » 35
Relié toile........................ » 60

HISTORIQUE du 86e de ligne. — Vol. de 96 pages........................ » 35
Richement relié en toile........................ » 60

HISTORIQUE du 92e de ligne, rédigé par le lieutenant Rethoré, sous les auspices de M. le colonel Paquette. — Vol. de 96 pages, broché........................ » 35
Relié toile........................ » 60

HISTORIQUE du 94e de ligne. — Vol. de 128 pages, broché........................ » 35
Relié toile anglaise........................ » 60

HISTORIQUE du 10e bataillon de chasseurs à pied. — Volume de 80 pages...... » 35
Relié toile........ » 60
HISTORIQUE du 3e zouaves, rédigé d'après les instructions de M. le colonel Lucat, par le lieutenant Duroy........ 1 35
HISTORIQUE du 3e régiment du génie, publié avec autorisation du Ministre de la guerre, 2e édition; 3 volumes, brochés........ 1 05
Richement reliés en toile........ 1 80
HISTORIQUE du 1er régiment de spahis. — Vol. de 96 pages........ » 35
Relié toile anglaise........ » 60
ESQUISSE HISTORIQUE de la gendarmerie française, par H. Delattre. — Belle brochure in-18 de 88 pages........ 2 »
HISTORIQUE du 3e régiment de zouaves, rédigé par le lieutenant A. Marjoulet, d'après les ordres du colonel Lucas, command. le régiment. — Beau vol. in-8o raisin de 328 p. 6 »
HISTORIQUE du 104e régiment d'infanterie rédigé d'après les documents du Ministère de la Guerre, par Joseph Perreau, lieutenant au 104e régiment. — 1 vol. in-8o de 158 p. 3 »

Histoire militaire.

LA VÉRITÉ SUR LA CAMPAGNE DE 1815. — Vol. in-8o de 84 pages........ 2 »
HISTOIRE MILITAIRE DE LA FRANCE DE 1643 A 1871, par Emile Simond, lieutenant au 28e de ligne. — 2 volumes, brochés........ » 70
Relié toile........ 1 20
VERMEIL DE CONCHARD, capitaine d'infanterie breveté, ex-professeur à l'Ecole militaire d'infanterie. — **Précis d'histoire militaire** rédigé d'après les programmes officiels à l'usage des candidats aux écoles militaires et de MM. les officiers. — 1 vol. in-18 de 208 pages. 3 »
NOTES sur la campagne du 3e bataillon de la légion étrangère au Tonkin. — Vol. in-8o de 64 pages........ 1 »
JOURNAL DU SIÈGE DE TUYEN-QUAN (23 novembre 1884-3 mars 1885.) — In-32 de 102 pages, broché........ » 35
Richement relié toile........ » 60
EUGÈNE CRUYPLANTS, capitaine aide de camp du commandant de la garde civique de Gand, officier de l'ordre de Takovo de Serbie. — **Histoire de la participation des Belges aux campagnes des Indes orientales néerlandaises sous le gouvernement des Pays-Bas, 1815-1830;** brochure grand in-8o de 402 pages, avec trois cartes et un portrait du général Lahure........ 5 »
FRIRION (E.), capitaine au 8e de ligne, chevalier de la Légion d'honneur. — **Relation de l'insurrection des troupes espagnoles détachées dans l'île de Séeland,** sous les ordres du général Fririon, en 1808, avec les pièces justificatives destinées à compléter la relation — 1 volume in-8o........ 2 »
CAMPAGNE DU NORD en 1870-1871. Histoire de la défense nationale dans le nord de la France par Pierre Lehautcourt. — 1 vol. grand in-8o de 300 pages, avec 6 cartes gravées sur acier........ 6 »
LES MÉTHODES STRATÉGIQUES DES ALLEMANDS EN 1870. — Br. in-18 de 36 pages........ 1 »
GRAND-DIDIER, capitaine au 34e régiment de ligne, en retraite. — **Exacte vérité sur la trouée tentée à Balan** le 1er septembre 1870 (Bataille de Sedan). — Broch. in-8o de 32 p. » 75
SEDAN. — *Les derniers coups de feu* (3e bataillon du 3e régiment de marche)...... 1 »
ETUDE MILITAIRE SUR L'EGYPTE, campagne des Anglais en 1882 (2e édition), brochure in-32 de 32 pages sur fort papier vélin, broché........ » 35
Richement relié toile........ » 60
LE SOUDAN, GORDON et le MADHI par le capitaine Heumann (O ✠), vol de 96 pages avec 2 cartes et 4 plans, broché........ » 35
Richement relié en toile anglaise........ » 60
L'ÉDUCATION ET LA DISCIPLINE MILITAIRES chez les anciens, par Marcel Poullin. — Volume in-32 de 144 pages; broché........ » 35
Richement relié toile........ » 60
A. GARÇON, professeur à l'Association polytechnique. — **Guerre du Soudan (Le Madhi),** avec carte du théâtre de la guerre. — Broch. in-32 (publicat. de la Réunion des officiers). » 60
PRÉCIS de la guerre du Pacifique (entre le Chili d'une part, le Pérou et la Bolivie de l'autre — Volume in-32 de 72 pages, suivi d'une carte planimétrique de la côte du Pacifique et d'un plan des principales batailles, broché........ 35
Richement relié en toile anglaise........ » 60

Géographie. — Voyages.

* **NOTES sur la campagne du 3e bataillon de la légion étrangère au Tonkin.** —Volume in-8° de 64 pages ... 1 »

DU RHONE AU PO et vice-versa. — Etude militaire. — Vol in-8° de 144 pages.... 2 »

VERMEIL DE CONCHARD, capitaine d'infanterie breveté, ex-professeur à l'École militaire d'infanterie. — **Précis de géographie militaire** rédigé d'après les programmes officiels à l'usage des candidats aux écoles militaires et de MM. les officiers. — 1 volume in-18 de 224 pages ... 3 »

PETITE GÉOGRAPHIE DE LA FRANCE à l'usage des écoles et des familles... 1 25

A. LAPLAICHE, commissaire de surveillance administrative des chemins de fer, membre et lauréat de plusieurs sociétés savantes, ancien professeur de l'Université. — **Algérie et Tunisie**, esquisse géographique. — 1 volume in-18 de 106 pages ... 2 »

MINISTÈRE DE LA GUERRE. — Ecoles régimentaires. — Cours préparatoire. — **Géographie.** — In-18 de 174 pages avec 14 cartes ... 3 »

* **GINDRE DE MANCY.** — **Dictionnaire des communes de la France, de l'Algérie et des autres colonies françaises,** précédé de tableaux synoptiques. — Volume in-18 de 800 pages, richement relié toile ... 5 »

LES HAUTES-PYRÉNÉES, étude historique et géographique du département depuis les temps les plus reculés jusqu'à nos jours, avec une description des principales villes ; Tarbes, Bagnères-de Bigore, Lourdes, etc.; par MM. Bois, capitaine au 76e d'infanterie et C. Durier, archiviste du département des Hautes-Pyrénées, vol. in-8° de 220 pages ... 3 50

Armées étrangères.

L'ARMÉE PORTUGAISE, par A. Garçon. — Vol. de 108 p., broché ... » 35
Relié toile ... » 60

L'ARMÉE ALLEMANDE, son histoire, son organisation actuelle. — 1 volume in-32 de 128 pages (4e édition), broché ... » 35
Richement relié en toile anglaise ... » 60

L'ARMÉE SUISSE, son histoire, son organisation actuelle, par Heumann, capitaine instructeur à l'Ecole de Saint-Cyr, officier d'instruction publique, brochure in-32 de 136 pag., broché ... » 35
Richement relié toile ... » 60

L'ARMÉE RUSSE : organisation générale ; le règlement d'infanterie ; le service en campagne ; instruction sur les travaux de campagne. — Tome 1er, brochure de 96 pages, ornée de figures, 2e édition, broché ... » 35
Richement relié en toile ... » 60

L'ARMÉE BELGE, composition, recrutement, mobilisation, écoles militaires, institut cartographique, armement, manufacture d'armes de Liège, régime intérieur, alimentation, uniformes, système défensif. — 1 volume in-32, de 96 pages, broché ... » 35
Richement relié en toile anglaise ... » 60

L'ARMÉE ANGLAISE, son histoire, son organisation actuelle, par A. Garçon, 1 volume in-32 de 128 pages, broché ... » 35
Richement relié en toile anglaise ... » 60

LA MARINE ANGLAISE, histoire, composition, organisation actuelle, par A. Garçon. — Volume in-32 de 96 pages. Broché ... » 35
Richement relié toile ... » 60

L'ARMÉE ITALIENNE, son organisation actuelle, sa mobilisation. — Volume in 32 de 128 pages, broché ... » 35
Richement relié en toile anglaise ... » 60

L'ARMÉE OTTOMANE CONTEMPORAINE, par Ch. Lebrun-Renaud, volume in-32 de 88 pages ... » 35
Richement relié en toile anglaise ... » 60

L'ARMÉE DES PAYS-BAS, notices militaires et géographiques. (Publication de la Réunion des officiers.) — 2 volumes brochés ... » 70 Reliés. 1 20

L'ARMÉE SUEDOISE, par le capitaine R. R***. — Vol. de 62 p. Broché ... » 35

P. CHALLIER DE GRANDCHAMPS. — **Exposé sommaire de l'organisation militaire et de la situation financière des divers Etats de l'Europe au 31 décembre 1883.** Brochure in-32 de 52 pages ... » 60

Emplois civils.

ENFANTS DE TROUPE.

INSTRUCTION sur les emplois civils réservés **aux sous-officiers, à l'usage des militaires** de la Gendarmerie; broch. in-32 de 96 pages........ » 50

INSTRUCTION du 12 avril 1888 pour les conditions d'admission des enfants de troupe; brochure in-32 de 32 pages........ » 60

INSTRUCTION DU 17 MARS 1888 sur les emplois civils et militaires réservés aux sous-officiers des armées de terre et de mer. — Brochure in-18 de 44 pages........ » 50

14e LISTE des sous-officiers candidats à des emplois civils et militaires, classés le 4 février 1888 par la commission instituée en vertu de l'article 8 de la loi du 24 juillet 1873, brochure in-32 de 40 pages, net et *franco*........ » 50

* **GUIDE des candidats à l'emploi de commissaire de surveillance administrative des chemins de fer,** conforme aux derniers règlements officiels, broch. in-32 de 16 pag........ » 50

* **GUIDE des candidats aux emplois de commissaire de police et d'inspecteur spécial de la police des chemins de fer,** conforme aux dernières instructions ministérielles, broch. in-32 de 16 pages........ » 50

MANUEL DU CANDIDAT à l'emploi de commissaire de surveillance administrative des chemins de fer par A. Laplaiche (3e édition). — Volume in-12 avec 63 figures dans le texte, broché........ 7 50

Relié en percaline........ 8 50

RECUEIL COMPLET avec notes et commentaires des lois, décrets, circulaires, décisions et instructions ministérielles en vigueur, établissant les droits des sous-officiers en matière de rengagement et mariage, retraite et admissions aux emplois civils. — 2 vol. in 32.

Brochés........ » 70

Richement reliés en toile anglaise........ 1 20

Littérature.

MADAME LA PRÉFÈTE, par Joseph Maire. — Vol. in-18 de 236 pages........ 3 »

* **L'ÉCUYER MAGNÉTISEUR,** par E. T. — Volume in-18 de 352 pages........ 3 »

* **LA FILLE DU LIEUTENANT,** traduit de l'anglais par G. Herbignac. — Volume in-18 de 430 pages........ 3 50

* **PÉCHÉS D'ÉCOLE.** Carnet d'un artilleur, par Etoupille — Vol in-18 de 226 pages........ 3 50

* **CONTES D'AMOUR ET DE BIVOUAC,** par Ch. de Bys. — Volume in-18 jésus de 270 pages, luxueusement imprimé avec 10 gravures hors texte........ 3 50

* **PÉCHÉS DE GARNISON,** par E. T..., joli volume in-18 de 304 pages, luxueusement imprimé........ 3 »

* **NOUVEAUX PÉCHÉS,** par E. T...— Vol in-18 de 350 pages, luxueusement imprimé........ 3 50

* **SOUVENIRS DE SAINT-CYR,** 1re année, par A. Teller (Esquisses de la vie militaire en France), joli vol. in-18 de 252 pag., rich' imprimé sur papier de luxe (11e édition)........ 3 »

* **SOUVENIR DE SAINT-CYR** (2e année) par le même, joli volume in-18 de 288 pages avec de magnifiques gravures dans le texte........ 3 50

* **LES SAINT-CYRIENNES,** poésies par Fernand Bernard, avec splendides gravures dans le texte et hors texte. — Volume in-18 de 216 pages........ 3 »

* **MI AIME A VOUS, Dans le Midi, Sous les Hortensias, Fanfreluche et Beaucousal.** Volume in 18 de 292 pages........ 3 50

* **LA LANGUE VERTE DU TROUPIER,** belle brochure in-18 de 92 pages, avec préface de M Raoul Bonnery, membre de la Société des Gens de lettres (2e édition)........ 2 »

* **STANCES D'UN VOLONTAIRE,** par Paul de Tournefort — Poésies patriotiques en une charmante brochure in-8° de 36 pages, imprimée avec luxe honorée d'une souscription du ministère de la guerre (3e édition)........ 1 »

PATRIE! Poésie, brochure in-8°, par Marcel Poullin........ » 50

QUI VIVE? FRANCE! Poésie patriotique, plaquette in-8°........ » 20

LES FREDONS, poésies par Alexandre Vallet. — 1 vol. de 136 pages........ 3 »

FRATERNITÉ, par L. des Bouffioles. — Roman philosophique, social et militaire; la Famille, la Patrie française, la guerre contre l'Allemagne, *Sursum corda!* couronné par la Société d'encouragement au Bien. — Un volume in-18........ 2 50

AVENTURES DE TROIS CANONNIERS, recueillies par un quatrième, par P. Noel. — Volume in-18 de 338 pages........ 3 »

Divers.

MANUEL DU DYNAMITEUR. — La dynamite de guerre et le coton-poudre. *Leur fabrication, leur conservation, leur transport et leur emploi*, d'après les règlements en vigueur, par le commandant Dumas-Guilin. — Vol. in-18 de 388 pages avec 48 figures 4 »

LES FORTS ET LA MÉLINITE. — Br. in-18 de 64 pages... 1 25

GUIDE à l'usage des officiers des bataillons de douaniers, par L. Pierre. — Volume in-32 de 108 pages... 1 50

LES FORTS ET LA MÉLINITE. — Volume in-18 de 64 pages... 1 25

RÈGLEMENT du 23 mai 1887 sur le service des armées allemandes en campagne. — Volume in-32 de 230 pages. Relié toile... 2 50

EXTRAIT DE L'INSTRUCTION GÉNÉRALE sur le services des Postes avec des notes et commentaires, par Roger Barbaud, sous-inspecteur des Postes et Télégraphes. — Volume in-32 de 312 pages... 2 »

MANUEL DES CANDIDATS au surnumérariat des Postes et Télégraphes, par Roger Barbaud, sous-inspecteur des Postes et Télégraphes, payeur de la 23e division d'infanterie. — Volume in-32 de 320 pages... 2 »

VADE-MECUM du vaguemestre, par Roger Barbaud, sous-inspecteur des Postes et Télégraphes, payeur de la 23e division d'infanterie. — Volume in-32 de 812 pages... 2 »

LA LIBERTÉ DU MARIAGE DES OFFICIERS, par H. Marchant. — Br. in-8° de 24 p. 1 »

LA PROCHAINE GUERRE FRANCO-ALLEMANDE, réponse au colonel Kœttschau, par un Zouave en activité de service. — Volume in-8° de 48 pages... 1 »

L'ARMÉE FRANÇAISE en 1887, par le général T... — Vol. in-18 jésus de 204 pages 3 »

L'INFANTERIE FRANÇAISE en 1887 (extrait de la *Revue d'Infanterie*). — Brochure in-8° de 36 pages... 1 »

LE 12e CORPS D'ARMÉE et les manœuvres de 1886, par M. Ardouin-Dumazet. — 1 vol. in-8° de 308 pages, avec douze croquis de la marche des opérations et une photographie des officiers étrangers... 3 50

PROJET DE LOI ORGANIQUE MILITAIRE, présenté au nom de M. Jules Grévy, président de la République française, par M. le général Boulanger, Ministre de la Guerre. — Brochure in-8° de 200 pages avec de nombreux tableaux dans le texte, *franco*... 2 »

AGENDA DE L'ARMÉE FRANÇAISE pour 1888, carnet de poche recouvert en cuir de Cordou; véritable *vade-mecum* des militaires de tous corps et de toutes armes.... 2 »

LA VIE MILITAIRE (extrait de la *Revue d'Infanterie*). — Brochure de 20 pages.... » 60

DROITS ET OBLIGATIONS MILITAIRES des officiers de réserve et de l'armée territoriale. — Volume in-32 de 360 pages. Richement relié en toile anglaise... 5 »

L'ARMÉE ET LA PLOUTOCRATIE, par le capitaine Nemo. Réponse à l'article de la *Revue des deux Mondes* intitulé **l'Armée et la Démocratie.** — Brochure in-8°... 1 »

LA FRANCE EST PRÊTE! en réponse à l'ouvrage : **Pourquoi la France n'est pas prête?** (édition de 1887). — Brochure in-8°, *franco*... 2 »

LES BATAILLES IMAGINAIRES. — La bataille de Londres en 188..., par A. Garçon. — Brochure in-8° de 48 pages, *franco*... 1 25

LES BATAILLES IMAGINAIRES. — Le combat naval de Port-Saïd en 1886, entre les flottes alliées de France et de Turquie contre celles d'Angleterre, par A. Garçon. — Brochure in-8° de 128 pages... 2 50

LE MARÉCHAL DAVOUT, duc d'Auerstaedt et prince d'Eckmühl (1770-1823), par Marcel Poullin. — Brochure de 40 pages... 1 »

LES SOUS-OFFICIERS dans l'avenir ou la question des sous-officiers, brochure in-8° de 34 pages... » 60

NOUVEAUX CODES FRANÇAIS et lois usuelles civiles et militaires. Recueil spécialement destiné à la gendarmerie et à l'armée, édition de 1887.
Relié toile anglaise... 5 »

LES CODES FRANÇAIS, à jour jusqu'en 1872 seulement et d'une édition inférieure, volume in-18 relié basane... 2 »

ARCHEOLOGIE TUNISIENNE; épigraphie des environs du Kef; inscriptions recueillies en 1882-1883, par Espérandieu, **lieutenant au 17e régiment d'infanterie.** — 1 volume in-8° avec 20 cartes, plans ou croquis... 2 50

DE L'APPLICATION au service en campagne **d'une nacelle régimentaire**. Broch. in-32. avec gravures dans le texte. (Bibliothèque de la *France Militaire*.)... » 50

HISTOIRE ANECDOTIQUE des animaux à la guerre, par Ludovic Jablonski, officier d'administration des hôpitaux. — Vol. in-12 de 204 pages... 3 50

CORRESPONDANCES MILITAIRES par pigeons voyageurs. Etude faite par le lieutenant-colonel de la Villate, du 5e régiment d'infanterie, officier d'Académie — Vol. in-8° de 56 pages... 2 »

ALMANACH DE L'ARMÉE FRANÇAISE EN 1888. — 1 volume in-32 de 192 pag. » 60
LA CHASSE EN PLAINE, AU BOIS, AU MARAIS, nouveau guide pratique du petit chasseur, par M. Edmond NODOT. — Vol. in-8° de 200 pages, avec dessins hors texte .... 4 »
* **CODE DES SIGNAUX** sur les chemins de fer français, d'après l'arrêté ministériel du 15 novembre 1885, brochure in-18 avec figures .... » 50
* **L'ÉDUCATION MILITAIRE A L'ÉCOLE,** par A. GARÇON, professeur à l'Association polytechnique, membre et lauréat de plusieurs sociétés savantes, brochure in-32 de 40 pages. » 50
PORTRAIT du général Boulanger, format 525m/m 325m/m........ 5 »
PORTRAIT équestre du général de Galliffet, format 525m/m 325m/m........ 5 »
PORTRAIT de M. CARNOT, Président de la République, format 630m/m 450m/m........ 6 »

COLLECTION
DU JOURNAL MILITAIRE OFFICIEL

Edition refondue de l'année 1791 à 1871 inclus, 13 volumes .... 65 »

PARTIE RÉGLEMENTAIRE.

2e semestre	1876.	— 1 vol.	12	50
1er et 2e —	1878.	— 2 vol.	15	»
1er et 2e —	1879.	— 2 vol.	15	»
1er et 2e —	1880.	— 2 vol.	15	»
1er et 2e —	1881.	— 2 vol.	15	»
1er et 2e —	1882.	— 2 vol.	15	»
1er —	1883.	— 1 vol.	7	50
1er et 2e —	1884.	— 3 vol.	20	»
1er et 2e —	1885.	— 2 vol.	15	»

PARTIE SUPPLÉMENTAIRE.

1er et 2e semestres	1876.	— 2 vol.	20	»
1er et 2e —	1877.	— 2 vol.	10	»
1er et 2e —	1878.	— 2 vol.	10	»
1er et 2e —	1879.	— 2 vol.	10	»
1er et 2e —	1880.	— 2 vol.	10	»
1er et 2e —	1881.	— 2 vol.	10	»
1er —	1882.	— 1 vol.	5	»
1er —	1885.	— 1 vol.	5	»

LA REVUE D'INFANTERIE

Publication mensuelle de 96 pages, in-8°

France Corse et Algérie	Un an	20 fr.
Colonies et Etranger	id.	25 fr.

PAPIER A LETTRE ANGLAIS

La boite de 100 feuilles.................................. 0 fr. 75
— — avec bordure deuil.......... 1 [illegible]
La Boîte de 100 Enveloppes.......................... [illegible]
— — avec bordure deuil.......... [illegible]
Cartes pour correspondance, format des enveloppes
la boîte de 100....... 1 60

N. B. — Ce papier, fabriqué spécialement pour notre Maison, ainsi que le prouve la marque imprimée dans la pâte même, est cédé au prix de revient. C'est donc, en réalité, une prime que nous offrons à ceux de nos clients qui veulent bien nous honorer de leur confiance et nous réserver la faveur de leurs ordres.

Pour le papier et les enveloppes deuil, on est prié de spécifier la largeur de la bordure qui peut être de 5, 7, 9 ou 12 millimètres, au gré du client.

Est envoyée *franco* toute commande de : 4 boîtes de papiers et 3 boîtes d'enveloppes ; 2 boîtes de papier, 2 boîtes de cartes et 3 d'enveloppes ; 4 boîtes de cartes et 4 boîtes d'enveloppes (chaque envoi combiné ainsi forme un colis postal).

Plume lance pour écoles.............................. la boîte de 144. » 65
— pour la ronde, n°s 1, 2, 3, 4 et 5 (le désigner)............ 1 »
— id. la boîte assortie.................................. 1 »
— DU SERGENT BLANDAN.................................. 1 60

— MINISTRE.. 1 50

— GÉNÉRAL BOULANGER, extra-fine, la boîte.............. 2 »
— — fine.. 2 »
— — moyenne....................................... 2 »

— GÉNÉRAL DE GALLIFFET, métal gris anglais.................. 2 »

— Général LAMBERT, pointe extra-fine........................ 2 »
— — fine... 2 »
— — moyenne....................................... 2 »

— MALLAT, extra-fines, fines, moyennes....................... 2 25
— HUMBOLDT, id. id. id. et grosses.......................... 3 25

10

www.ingramcontent.com/pod-product-compliance
Ingram Content Group UK Ltd.
Pitfield, Milton Keynes, MK11 3LW, UK
UKHW022000260726
13994UKWH00004B/1865

9 782329 485072